ロックミシンって
ぶっちゃけ
買ったほうがいいですか?

主婦と生活社

ロックミシンって
買ったほうがいいですか？

もちろん！

今まで何度もいろいろな人に聞かれ、
何度もこう返事をしてきました。
この先ずっとソーイングを楽しむなら、
この答えには自信があります。

でも、いろんな不安や疑問があって、
なかなか買う決断がつかない……。
安くはないから失敗したくない！
よーくわかります。

だからこそこの本では、
今さら聞けない初歩的なギモンから
ひとつひとつ解説しています。
私たちもみなさんと一緒で、
知らないことがたくさんありました。

これを読んでロックミシンを知り、
納得したうえで手に入れてほしい。
そして「早く買えばよかった！」
という声が聞ければうれしいです。

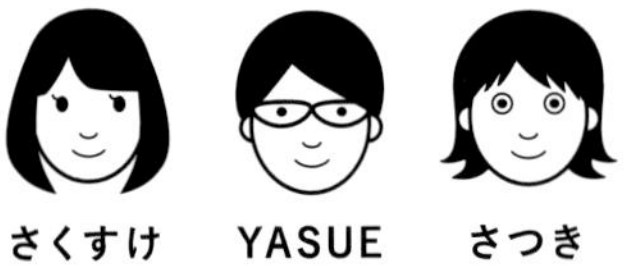

さくすけ　YASUE　さつき

＼案内役／

didit sewing（ディディソーイング）

洋裁教室の先生２人と手芸本編集者からなるソーイングユニット。ブログでの情報発信のほか、自宅にいながら見られる、文章、写真、動画を組み合わせた初心者向け「作り方レッスン」を企画・製作・販売。プロフィールはP.96参照。

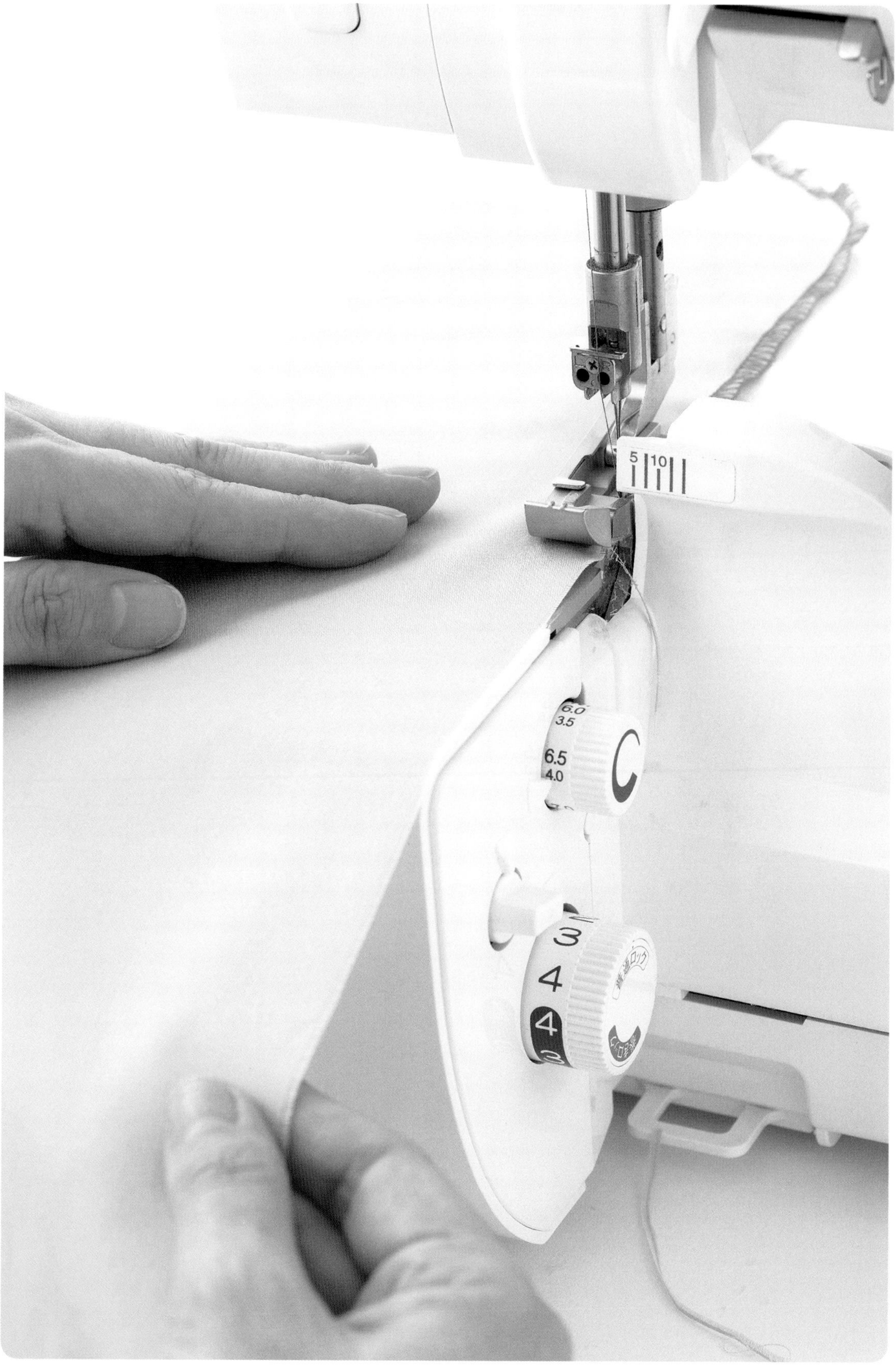

もくじ

綴じ込み付録
縫い代つき
実物大型紙1枚

まずは知りたい！ 7つのギモン

Part 1 生地の端かがり

ロックミシンにできること その1

Part 2 ロックミシンにできること その2

ニット生地の縫い合わせ

Step up 編 ロックミシンにできること その3

巻きロック

もっと知りたい！ 情報編

この本の特徴はこんなところ

すべてQ&A方式で わかりやすい！

初心者さんや購入を迷っている人が、
抱きそうなギモンや不安をピックアップし、
ズバリ明解にお答えします！
自分のギモンや不安をピンポイントで
解決できるQ＆A式だから、
気になる項目から読めるのも便利です。

"できること別"の 章立て！

これまでのロックミシンの本は、
ミシンの機能別に説明されていたので、
どうにも頭に入りにくい……。そこでこの本では、
ロックミシンで「何ができるのか」を整理。
できること別に解説しているので、
すんなりスムーズに理解できます！

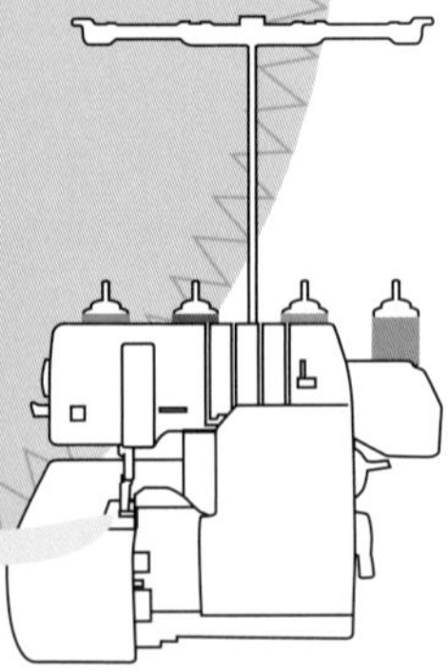

コツやアイデアが満載！

ロックミシンの使い方自体は
取説を読めばわかるし、それに
使う機種が違えば操作も変わります。
だから、使い方の手順に重きはおいていません。
ほんとに知りたいのはコツやアイデア。
「どうしたらいい?」「うまくいかない……」
ロックミシンの機種にかかわらず、
誰もが持っている悩みを解決！

レシピは少なめ、でも厳選

この本はロックミシンのレシピ本じゃありません。
だから、作れるアイテムはぐっと少なめ。
でも、そのぶん作りやすさにこだわりました。
本で解説しているテクニックだけで
誰でも作れるようになっています。
欲張らず、まずはこれを完全マスター。
いつのまにかロックミシンも上手に！

まずは知りたい！ 7つのギモン

Q 01 ロックミシンってどういうミシン？

A 普通のミシンとは違うことができる まったく別の種類のミシン

ロックミシンって聞いたことはあるけど、じつはよくわからなくて……という人、多いです。使ったことがないなら、そんなものですよね。ひと言で説明するなら、「普通のミシンとは別物」ということ。「普通のミシンとロックミシン、どちらを買ったらいいですか？」と聞かれることもあるのですが、〝どちらか〟ということじゃない。なぜなら、同じミシンとはいえ、できることがまったく違うからです。

ソーイングをするなら普通のミシンは最低限必要です。多機能な家庭用ミシンを使いこなせば、かなりのこともできちゃう。でも、やっぱり不得意分野やできないこともあります。そこを代わってやってくれるのがロックミシン、と理解してください。だから、普通のミシンにロックミシンが1台加わると、できることががぜん増える！ ソーイングの幅がグンと広がるのは間違いありません。

2台あると百人力！

“どちらか”ではなく“もう1台”というイメージ！

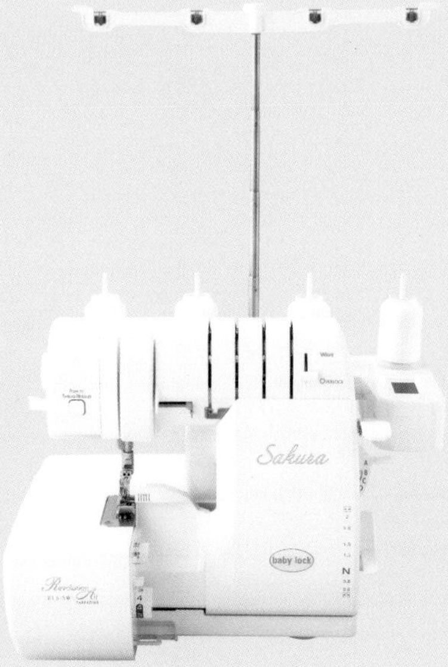

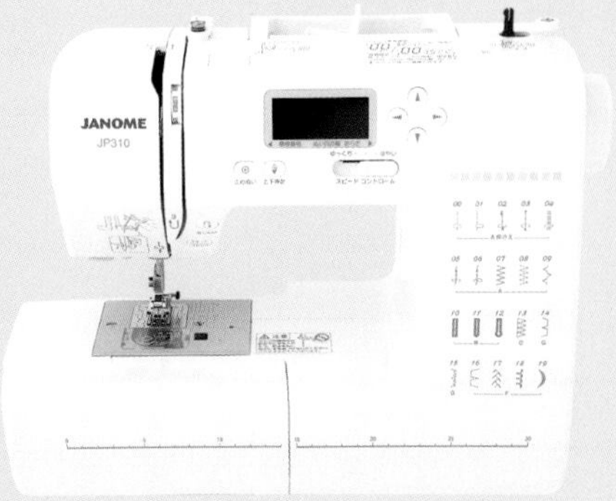

ロックミシン

普通のミシンにできない(あるいは苦手な)かがり縫いに特化したミシン。厳密にいえばオーバーロックミシンのことだが、一般的に“ロックミシン”と言われる。普通のミシンと違って生地の端を縫うのが特徴。針の本数と糸の数によって主に3種類に分けられ、できることも変わってくる。

- 2本針4本糸タイプ
- 1本針3本糸タイプ
- 1本針2本糸タイプ

P.14~15で詳しく紹介！

普通のミシン

いわゆる“ミシン”。複数の生地を縫い合わせるのが主な機能。ソーイングをするには、まずはこれを持っていないと。家庭用ミシンは、1台でボタンホールやジグザグ縫いなどができる多機能タイプが多い。職業用、工業用は直線縫いのみの単機能。

家庭用ミシン　さまざまな縫い方や刺繍などができて多機能だが、価格、性能ともにピンからキリ。

職業用ミシン　直線縫いに特化。回転速度が速く、縫い目がきれい。

工業用ミシン　さらに本格的なのがこちら。大きくパワーもあるが、趣味で使う人は少ない。

Q 02

じゃあ、いったい何ができるの？

A

大きく分けると3つ。メインは「端かがり」と「ニット生地の縫い合わせ」

ロックミシンでできることは大きく分けると3つあります。

1つめは生地の「端かがり」。生地は裁断したらほつれてきます。ソーイングではこれを始末しなくちゃいけないケースが多いのですが、家庭用ミシンだと「裁ち目かがり」や「ジグザグ縫い」を使うしかない。でも、なかなかきれいにいかなかったり、洗濯したらほつれてきたり……。

ところがロックミシンがあれば、既製品みたいにきれいにかがってくれるんです。

2つめは、「ニット生地の縫い合わせ」です。Tシャツやトレーナーの生地を「ニット生地」と言いますが、この生地をかがりながら縫い合わせることができちゃう。普通のミシンでも縫うには縫えますが、縫いやすさと仕上がりが段違いです。

以上2つがメインですが、「巻きロック」という特殊な縫い方も可能。装飾的に使うこともできる楽しい縫い方です。

できること その1 端かがり

ソーイングの縫い代処理はおまかせ。
ほつれやすい生地もきれいにかがってくれる。

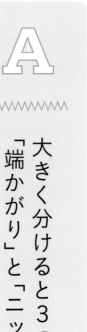

できること その2 ニット生地の縫い合わせ

子どもの
トレーナーも！

ボーダーカットソーが
作れる！

縫いながらかがれるのはロックミシンだけ！
市販品顔負けのニット生地アイテムも思いのまま。

できること その3 巻きロック

ステップアップ編だけど、
こんなこともできるよ！

ハンカチの
縁かがりも！

生地端もきれいにかがれてアクセントにも。
アイデアしだいでいろいろ使える縫い方。

Q 03 やっぱり、持っていたほうがいい？

A 洋服を縫うなら断然おすすめ！作品作りがぜん楽しくなります

安くはないから、みんな迷うよね。でも、買った人は必ず…
早く買えばよかったって言う！
続けるなら絶対モトはとれるね

迷った末に買った人に聞くと、口をそろえて「もっと早く買えばよかった」と言うくらい、ロックミシンは便利な道具。特に洋服作りをしている、これからしたい！のなら、絶対おすすめです。

ただ、小物やバッグばかり作っているのなら宝の持ち腐れになるかも……ですが、なかには「ロックミシンを買って洋服作りに目覚めた」という人も。また、子ども服作りからニット生地のソーイングにハマったという声もよく聞きます。「一生の趣味」「ソーイングめっちゃ楽しい！」「もっといろいろ作りたい」と思っているなら、早く手に入れて早くラクして楽しんだほうがいいですよ！

洋服作りをするなら…おすすめ！

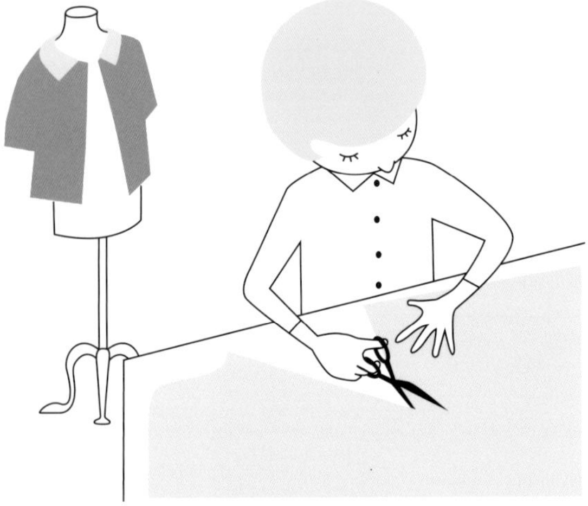

小物やバッグ作りなら…使用頻度低め

handmade

Q 04 初心者でも扱えますか？

A 大丈夫。ただ、扱いやすい機種を選んだほうが安心かも

プロっぽい道具だから不安だよね

糸かけや糸調子が大変
という噂もあるし

昔の機種はそうだった。
今はすごい進化だよ

かつては、
ロックミシンというと……

★糸かけがめんどう！
★糸調子が難しい！
★なんだかこわい……

▼

今や、

糸通しも糸調子も
自動に！ 動画の
取説フォローもあり

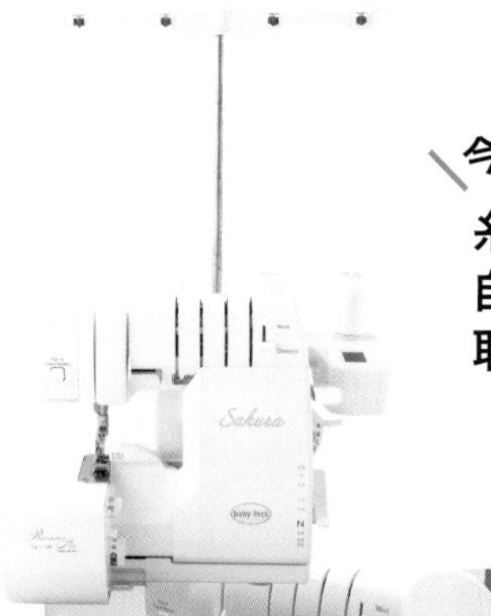

[babylock channel]

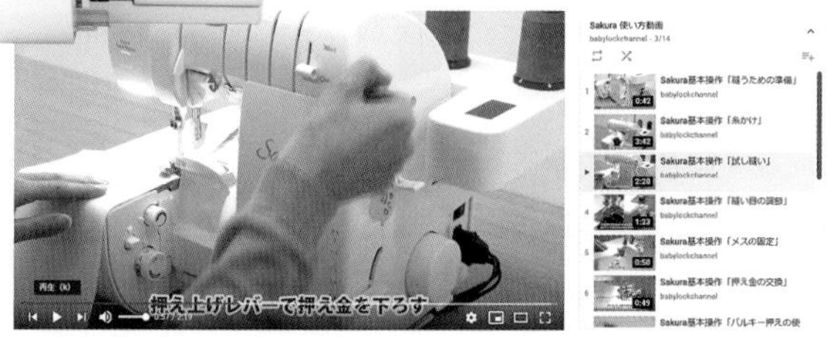

本書で使用している最新ロックミシン「Sakura」は、
糸通し、糸調子はすべて自動。使い方も、取説だけでなく、
YouTube でテーマごとに見られるのでわかりやすく、安心。

かつては「糸かけがめんどうらしい」「糸調子が難しいんだって」と、初心者には不安な情報が多かったロックミシン。確かに、かつてはそれが事実で、なかには挫折した人もいるかもしれませんね。ところが、ロックミシンもどんどん進化を遂げ、糸かけはわかりやすくなり、ついにはすべて自動でできる機種も登場しました。糸調子も自動の機種があり、それほど心配しなくても扱えるはず。

ただ、各社いろんな機種を出しているので、しっかり見極めることが大事。初心者で不安があるなら、糸通しや糸調子が自動の機種を選んだほうが、使いこなすのもラクです。

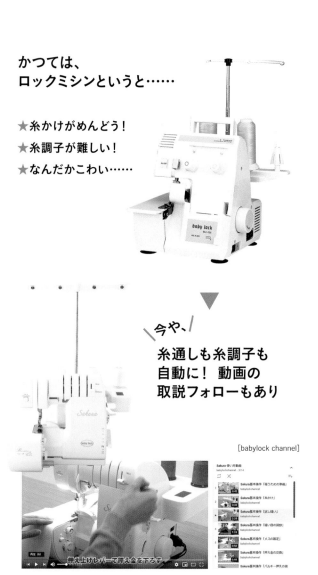

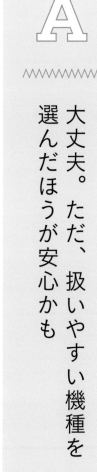

Q 05 どうやって選べばいいの？

A 代表的な機種は3種類。なんでもできる2本針4本糸タイプがおすすめです

オススメ度 ★★★

2本針4本糸

針2本、糸4本まで使用可で、最も機能が充実している。4本ロックでのニット生地の縫い合わせはもちろん、針を1本外して3本ロックでの端かがり、巻きロック、2本ロックもできる。

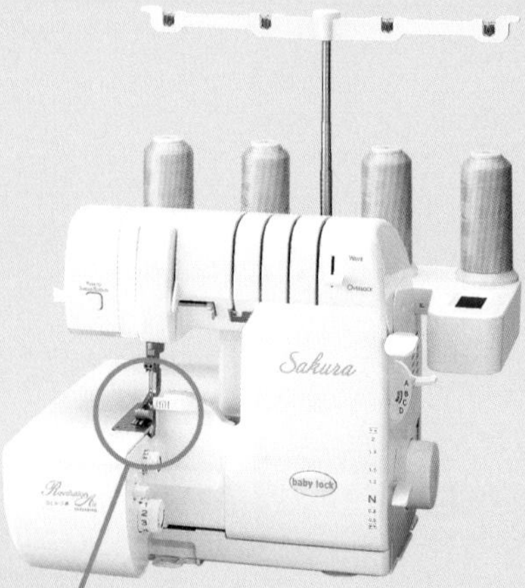

針が2本

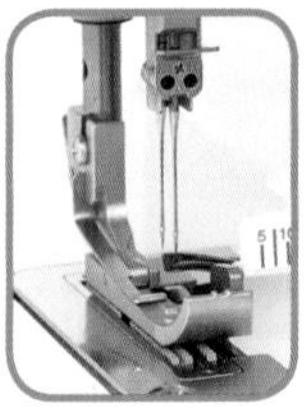

できること

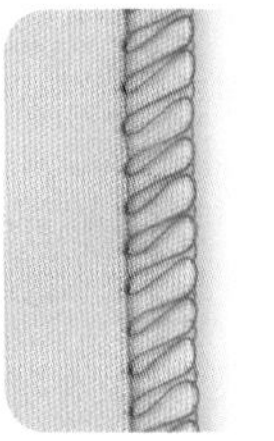

3本ロック

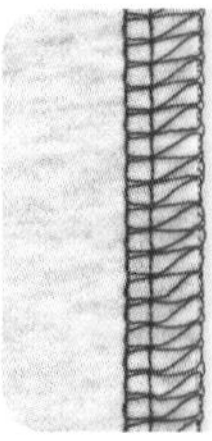

4本ロック

巻きロック

2本ロック

機種がいろいろあるんだよね

そう、できることがそれぞれ違う

目的しだいだよね

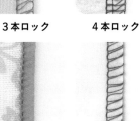

オススメ度 ★☆☆

1本針2本糸

針1本、糸2本使用の端かがり専用機種。糸の使用量が少なく、端かがり処理用としてプロが使うことが多い。自動糸通しや自動糸調子が備わった機種はないので、初心者には扱いが難しい。

針が1本

できること

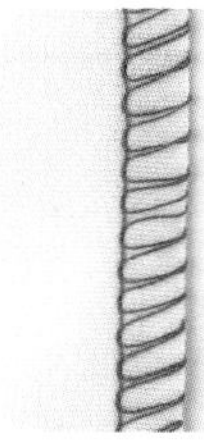

2本ロック

オススメ度 ★★☆

1本針3本糸

針1本、糸3本使用。3本ロックと巻きロックができ、端かがりがメインの使い方となる。ニット生地の縫い合わせには不向き。ニット生地の作品を作る予定がないならこれでも十分。

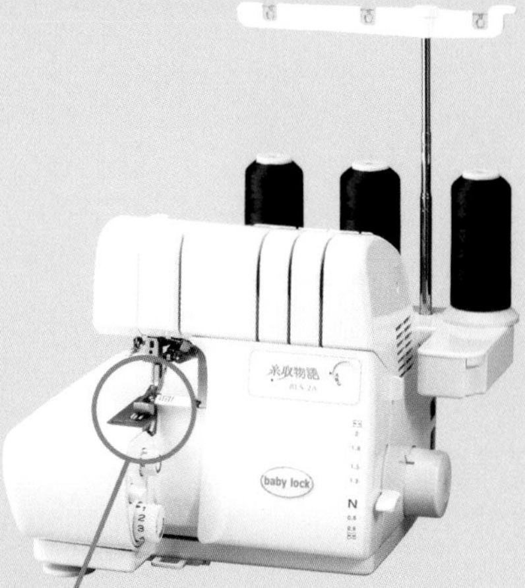

針が1本

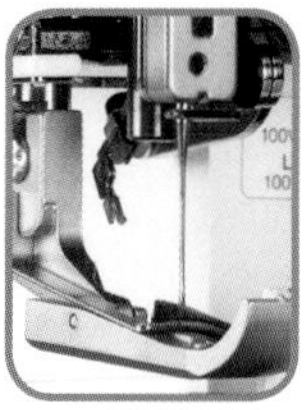

できること

巻きロック

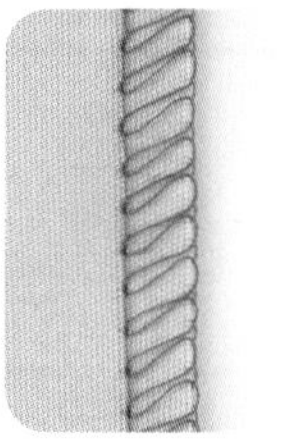

3本ロック

いざ買おうと思っても、「どれを選べばいいのかさっぱりわからない」というのがみんなの本音。そこで立ち止まって買えない人も多いですよね。

たしかにロックミシンの機種はわかりにくい！　でも、大きく分けるとここで紹介する3種類。つまり、針の本数、使う糸の数で分かれると思ってください。

いちばんおすすめするのは、機能が充実している2本針4本糸タイプ。針を1本外して使うこともでき、この本で紹介した縫い方はすべてできます。

1本針の機種は2種類あり、3本糸タイプと2本糸タイプ。どちらも端かがりがメインの使い方で、ニット生地の縫い合わせはできません。特に2本糸タイプは、利用者も減っていてこれから生産中止になる可能性もあるそう。

こう考えていくと、ニット生地でのソーイングをするかどうかが、ロックミシン選択の決め手となってきます。

ムダな機能は必要ないと思いますが、「最初は端かがりができればいいと思っていたけれど、あとでニット作品が作りたくなって泣く泣く買い替えた」という人は、じつは少なくありません。やりたいことを長い視点で考えてみて、このあたりの声も参考にじっくり検討を！

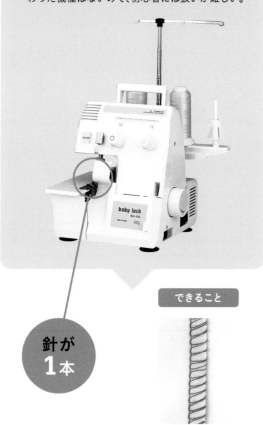

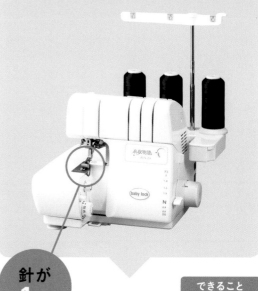

Q 06

高いほうがいい？ 安いので大丈夫？

A

価格の差は機能と使いやすさの差。糸通し、糸調子がラクな機種が人気

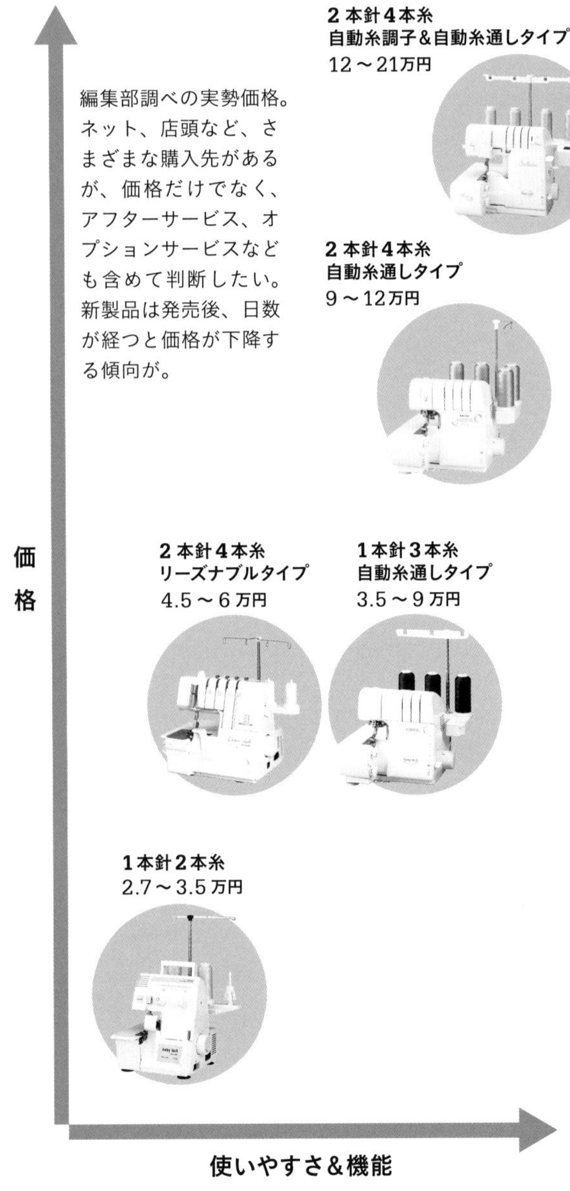

2本針4本糸
自動糸調子&自動糸通しタイプ
12～21万円
編集部調べの実勢価格。ネット、店頭など、さまざまな購入先があるが、価格だけでなく、アフターサービス、オプションサービスなども含めて判断したい。新製品は発売後、日数が経つと価格が下降する傾向が。
2本針4本糸
自動糸通しタイプ
9～12万円
価格
2本針4本糸
リーズナブルタイプ
4.5～6万円
1本針3本糸
自動糸通しタイプ
3.5～9万円
1本針2本糸
2.7～3.5万円
使いやすさ&機能

これがいちばんの悩みどころよね
実際のところ知りたいよね
一生の趣味！っていうならいいのがいいと思う

ロックミシンは安くはありませんが、それでも値段に幅がありますよね。その差は何かといえば、機能と使いやすさ。1本針タイプよりは2本針タイプが高いし、自動糸通しや自動糸調子は手動のものに比べて高価です。つまり、何でもできて使いやすくなるほど高いというわけ。ある意味仕方がないのです。

〝手動でも大丈夫、頑張る！〟という強い意志がある人ならともかく、メカ音痴の初心者さんなら、多少高くても扱いやすくてラクなものがおすすめ。10年、20年と長く使いますし、使わなくなるのが結局はいちばんもったいないからです。

Q07 置き場所に困りませんか？

A 使いやすい機種はある程度大きめ。理想的には出しっぱなしが便利！

これで踏み切れないって人も多いんだよね

ほんとは出しっぱなしにしたいけど

サイズや重さも考えて選ばないとね

普通のミシンだけでも難しいのに……という声も聞くので、気持ちはよくわかります。特に使いやすい機種だと、いろんな機能がついていて、安定感もあるのでサイズも大きめ。置き場所問題は簡単ではないですよね。

本当は、ミシンと並べて出しっぱなしが理想。そうすると使用率がぐんと上がるのです。置き場所は、奥行50㎝程度のスリムなPCテーブルやリビングデスクがおすすめ。部屋の壁際を見直すなど、なんとか工夫してみてください。それが難しければ、作業台やミシン台の下に置き、普通のミシンと入れ替えながら使うイメージ。しまい込まないことがポイントです。

並べて置く、これが理想！

小さめタイプ
1本針2本糸

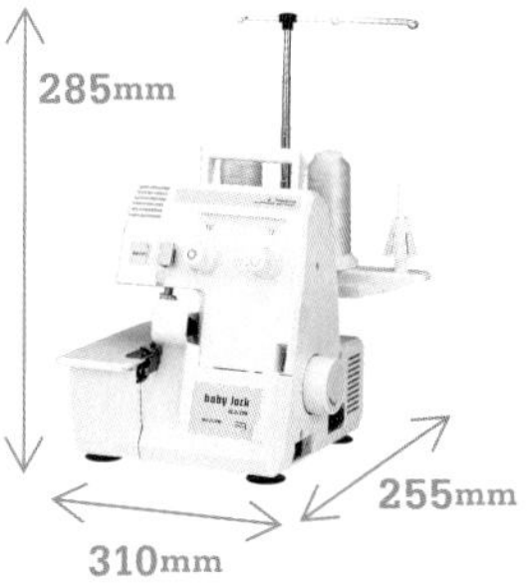

大きめタイプ
2本針4本糸

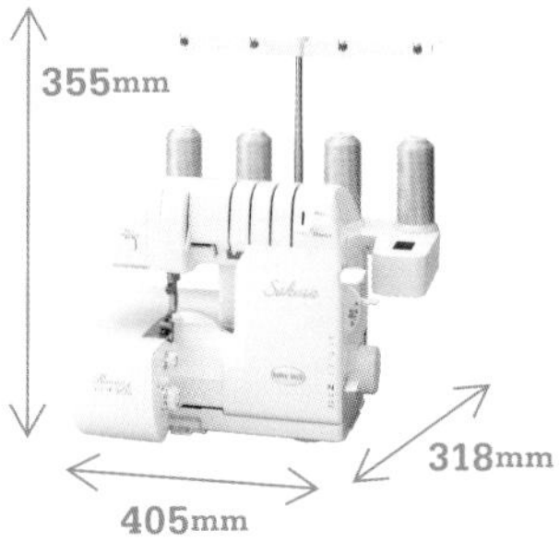

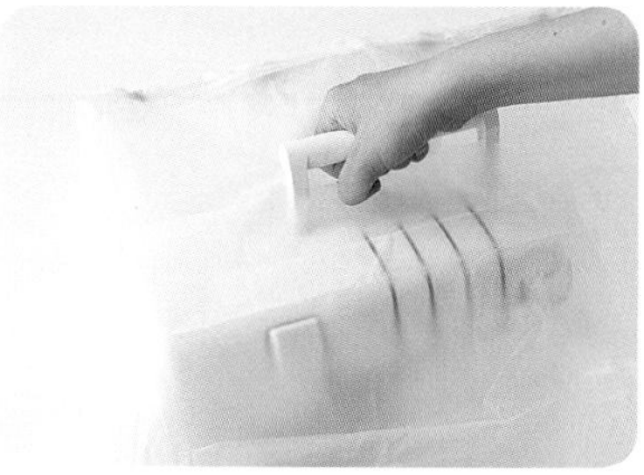

出しっぱなしがかなわない場合は付属品のカバーをかけて保管を。カバーをかけたまま持ち運びも可能。

ロックミシンってこうなってる！

ここでは2本針4本糸のロックミシン（自動糸通し、自動糸調子）で各パーツの名前とミシンの構造を紹介！

付属品

どの機種にも基本的なアクセサリーが付属している。この機種は、左からドライバー、掃除用ブラシ、ミシン針、エア針糸通しガイド、バルキー押さえ、上メス、ピンセット、ルーパースレッダーがアクセサリーボックスに。

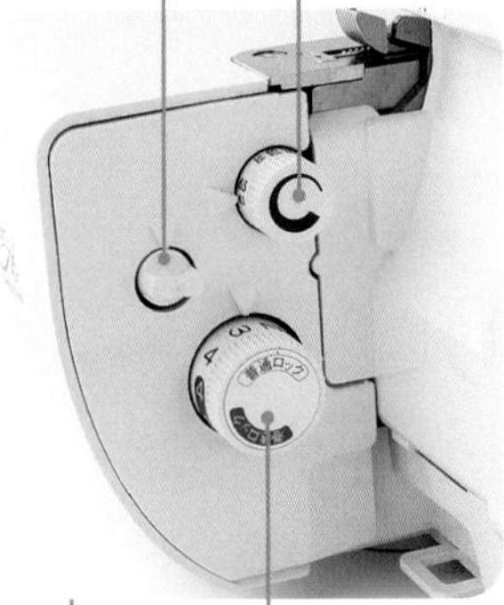

縫い目のかがり幅と送り目を設定するダイヤル。生地を切り落とす「メス」を、使うか使わないかが決められる固定つまみもある。場所は機種によって異なる。

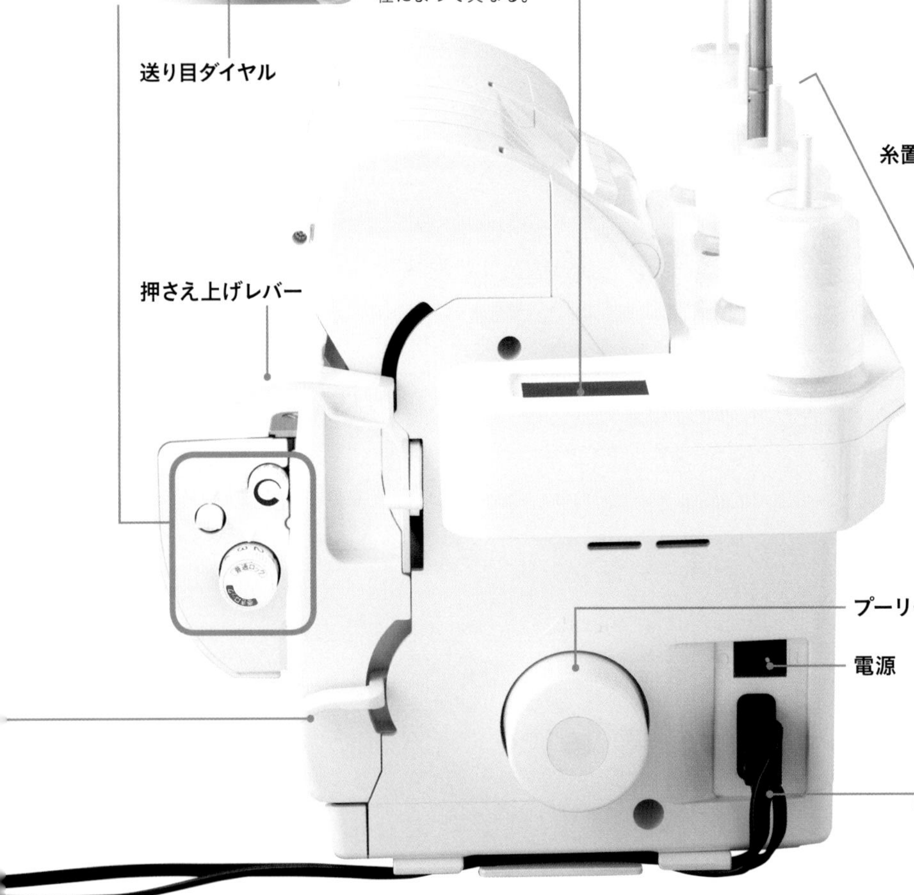

本書では、ベビーロックの Sakura BLS-5 を使って説明しています。ミシンの操作方法については、機種が違うと異なる場合がありますが、基本的なコツやポイントについてはどの機種にも共通です。機種が違っても参考にしていただけます。

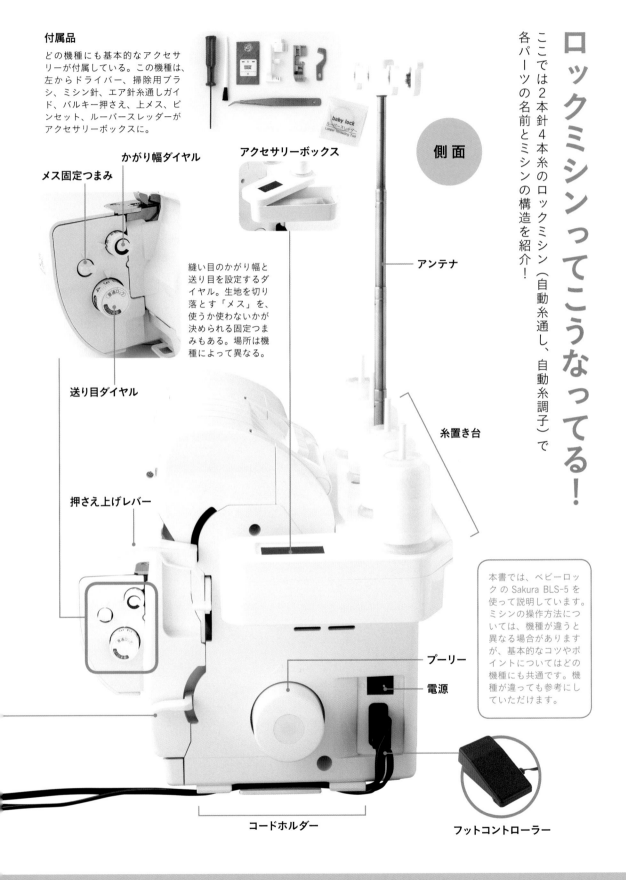

正面

上メス

針

上ルーパー

押さえ

下ルーパー

下メス

メスカバーを開けると心臓部が現れる。ここで針糸2本（4本糸の場合）、ルーパー糸2本がからみ合い、縫い目が生まれていく。

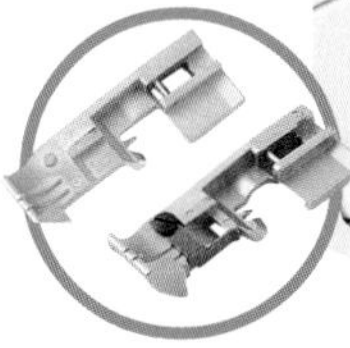

標準押さえ

バルキー押さえ

差動つきの機種は、押さえは標準押さえとバルキー押さえが標準装備されているのが一般的。

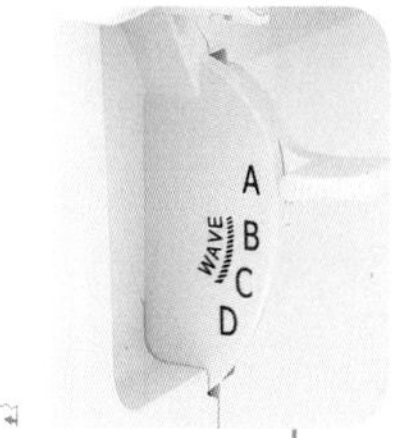

オーバーロック
切り換えレバー

自動糸調子の機種は、縫い方によって切り換えるだけでOK。手動の機種は各糸ごとに調節ダイヤルがあるので、そこで指定通りに設定する。

左針糸

右針糸

上ルーパー糸

下ルーパー糸

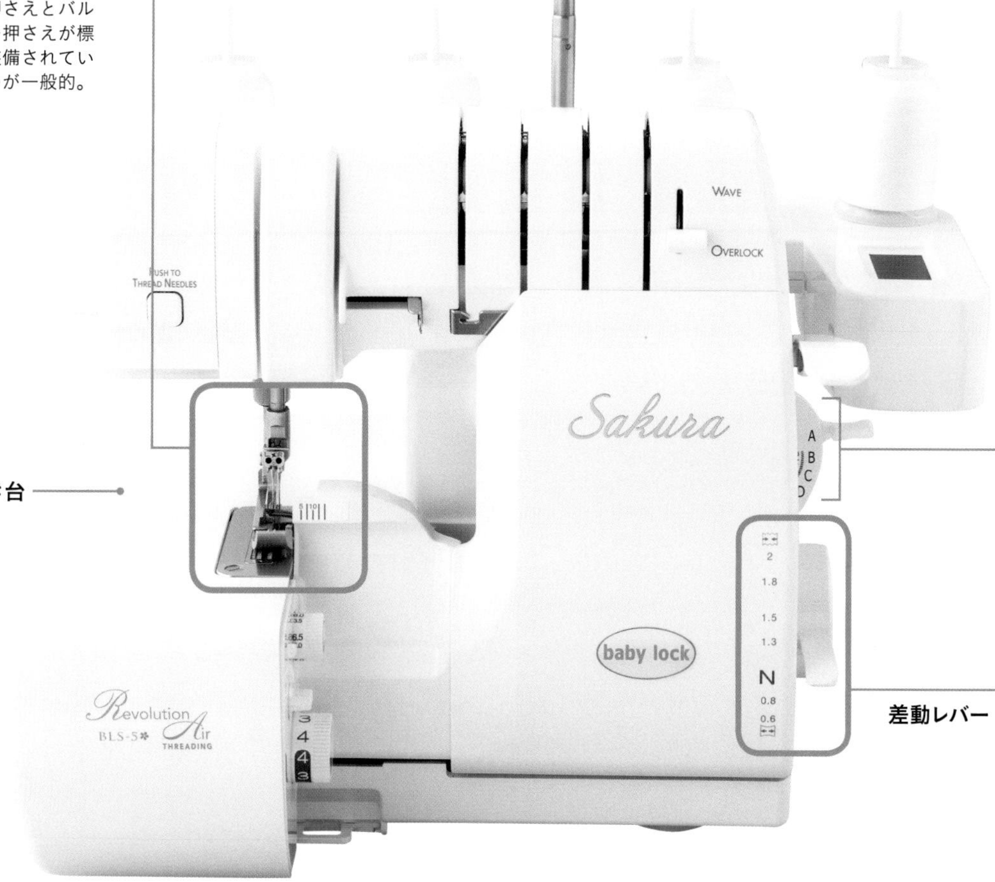

布置き台

差動レバー

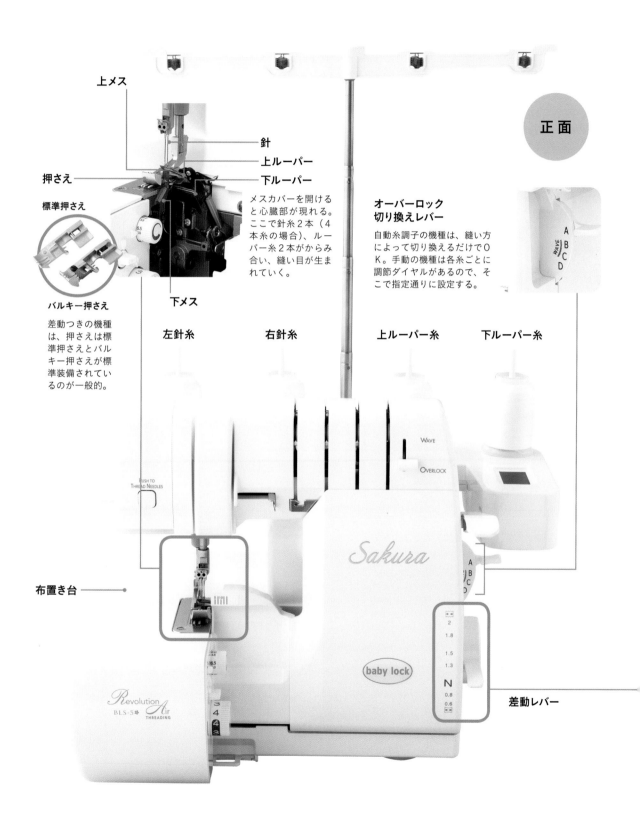

持ってるロックミシンの使い勝手レポ ①

didit sewing（ディディソーイング）のメンバーも、それぞれロックミシンを数台保有しています。古いものから最新の機種までいろいろあるので、ご紹介しましょう。まず、さつき先生が誕生日にゲットした「糸取物語 BL65EXS（ベビーロック）から。

さつき　久しぶりの２本針４本ロックなの！すごい進化していてびっくり。メカ音痴だから使いこなせるか心配だったけど大丈夫だった〜。助かったのは各部に貼るシール。それを貼っちゃえば取説もグンと読みやすくなって、すぐマスターできた。

YASUE（以下 Y）その前は何使ってたの？

さつき　プロラインという 30 年前の４本ロック。縫うのは問題なかったけど、とにかく糸かけが大変！　糸かけの場所はもちろん、順番をちょっと間違うだけでダメなの。どこをどう間違えたのかもわからないときは、ほんとに泣きたくなった。

さくすけ（以下さく）じゃあ、糸かけも糸調子も簡単になって、めっちゃ進化だね。

さつき　そう。それが壊れたあとはしばらく「MO522」（JUKI）という２本ロックを使ってたけど、ニット作品は縫えなかったからね。やっぱり1台のミシンでガーッと縫えるのは楽しいわ。

さく　わかる。手の込んだ洋服のあとは、ニットをガーッと縫いたくなる（笑）。私が最初に買ったのは「衣縫人 BL5700EXS」（ベビーロック）。自動エア糸通しは欲しかったけど、自動糸調子はいらないと思って。

Y　さくすけ先生は機械モノ、得意だから。

さく　でも、私もさつき先生と同じ２本ロック持ってるけど使いこなせないの。糸調子が難しいのと縫い目の安定感が今ひとつで……。結局、衣縫人ばっかり使っちゃう。

さつき　結局使わなくなるなら、安くてももったいないよね。YASUE さんも何台か持ってるよね？（P.42 へ続く）

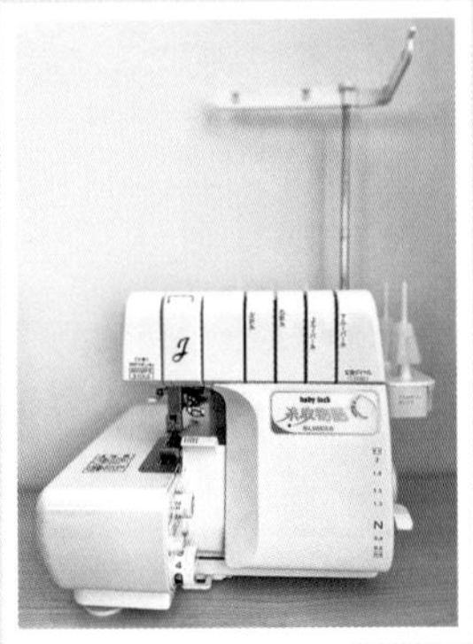

さつき先生保有の「糸取物語」は自動エア糸通しと自動糸調子。初心者さんにもおすすめ。

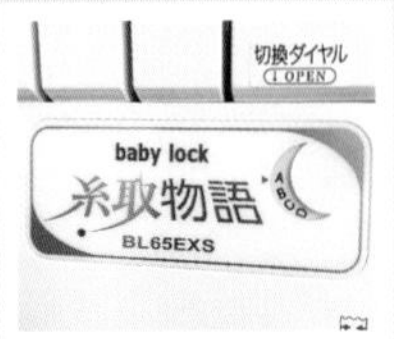

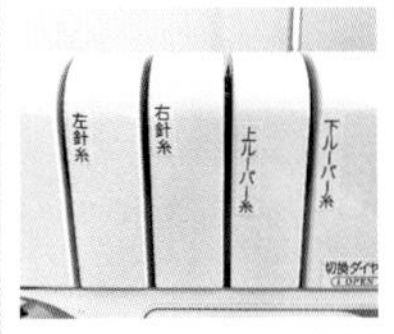

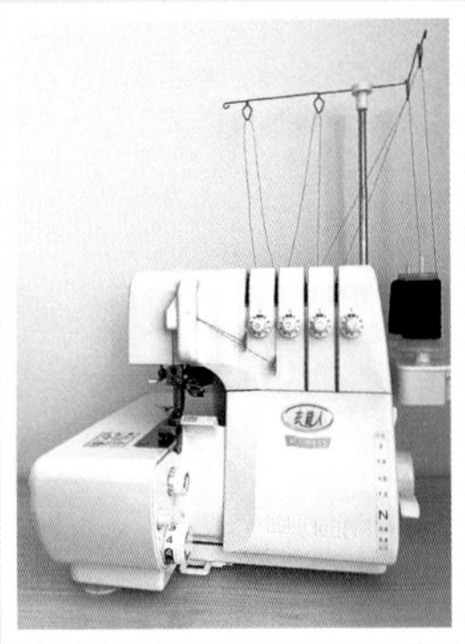

さくすけ先生保有の「衣縫人」。糸調子は自分で合わせるが、そう苦労したことはないそう。

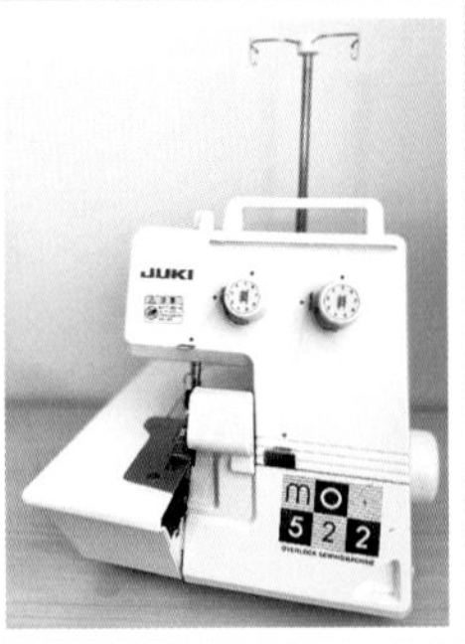

ふたりとも持っている２本ロックは端かがり専門。残念ながら今はあまり出番はないそう。

Part

1

ロックミシンにできること その1

生地の端かがり

まずは、これができるってことを知ってもらいたい！
「端かがりってなに？」ってところから
ていねいにていねいに解説していくから、
ソーイング初心者さんでもついていけるはず。
じゃあ、いってみよう！

Q 08

「端かがり」ってどんなとき使うの？

既製品と見比べても変わらない仕上がりに！

既製品

スカート

パンツ

ハンドメイド

ブラウス

パンツ

既製品と同レベル！
言われないとわからないくらい差がないよね

縫い代の始末がメインきれいに仕上がり、スピーディー

ソーイングで特に洋服を作るときは、ほとんどの場合、縫い代の始末が必要。普通のミシンしか持っていないと、これがなかなかラクじゃない。

　市販の洋服の裏を見てください。きれいに処理されていますよね。じつはこれがロックミシンによる端かがり。ロックミシンを持っていれば、ほぼ同じレベルの端かがりができるんです。

　家庭用ミシンでのジグザグ縫いや裁ち目かがりは、糸1本でやるので糸の消費量がすごいし、とにかく時間がかかる！　それに処理直後は許せるレベルでも、洗濯するとほつれてきて残念な感じに……。

　ところが、ロックミシンならきれいで驚くほど速い！　仕上がりの質が格段にアップし、時短にもなります。

端かがりは主に3本ロックでOK！

端かがりは主に3本の糸でかがります。いわゆる3本ロック。ほとんどの生地はこれで十分です。2本針4本糸のミシンを持っていると何でも4本ロックを使いがちですが、その必要はなし。糸が減ってもったいないだけです。2本針の機種は、針を1本外して使えばOK。

ただし、厚地や目が粗い生地は、かがり幅が広い4本ロックのほうがいい場合もあります。

4本ロック

＼厚地や織りが粗いとき／

3本ロック

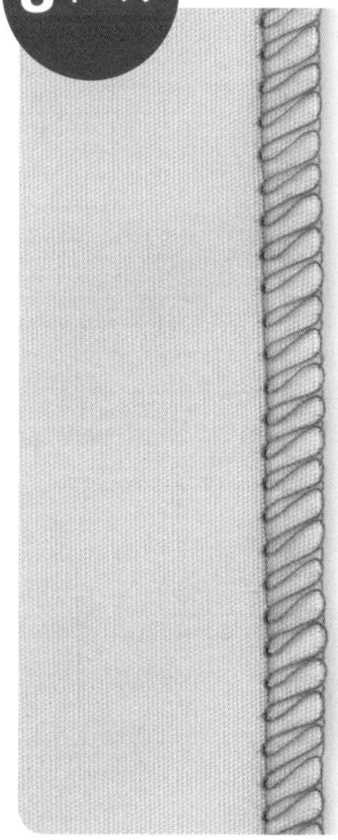

いわゆる3本ロックがメインね！

職業用ミシンだけならこうするしかない

▼

袋縫い

縫い代2枚のうちの1枚の幅をカットし、もう1枚で包んで縫う。生地端は隠れるが、手間がかかり、ミシン目が表に出るので作品を選ぶ。

端ミシン

縫い代を折ってミシンで縫うだけなので簡単だが、縫い代の厚みが増すので厚地には向かない。生地端は隠れないので、ほつれてきやすい。

家庭用ミシンだけならこうするしかない

▼

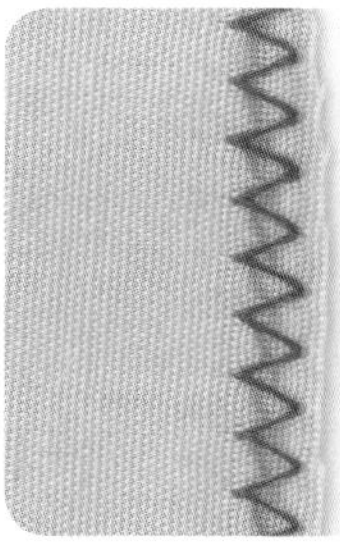

ジグザグ縫い

洋裁本ではこれで処理する指示が多いが、生地端にきれいにかけるのは難しい。特に薄地は生地が縮み、くしゃくしゃになることも。

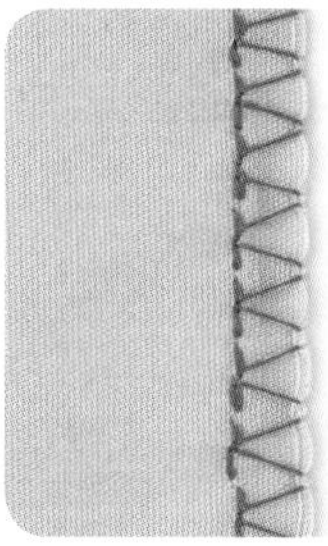

裁ち目かがり

家庭用ミシンの多くに備わっている端かがり専用の縫い方。ある程度目的は果たすが、洗濯するとほつれが……。糸の使用量が多く、時間がかかるのも難点。

Q 09 糸と針は特別なものが必要？

針

家庭用のミシン針でほぼOK。ニット生地の場合は専用針を

ポイントは「家庭用」ということ。職業用とは形が違うので間違えないで。購入時についてくる針のパッケージをとっておくと、同じものを買い足すとき確認できて安心です。ただし、古いロックミシンでは例外もあるので、必ず指定の針を使ってください。

家庭用ミシン針
ニット用
HA×1SP
クローム

右と形状は同じだが、針の表面にクロームメッキがされていて針の強度がアップ。目飛び防止にも。

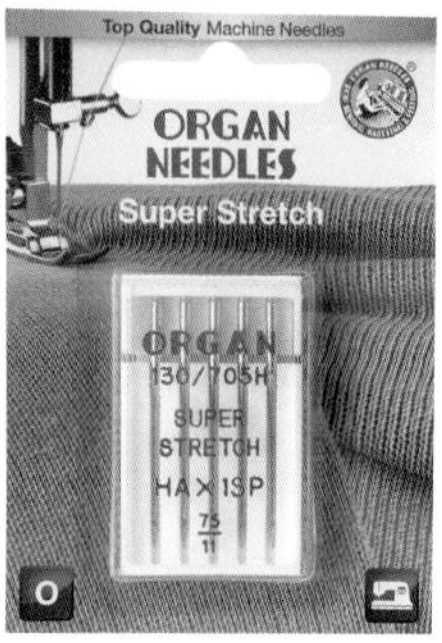

家庭用ミシン針
ストレッチ生地用
HA×1SP

ニット生地やストレッチ生地を縫うならこれがベスト。生地の厚さに合わせて太さを選ぶのは同様。

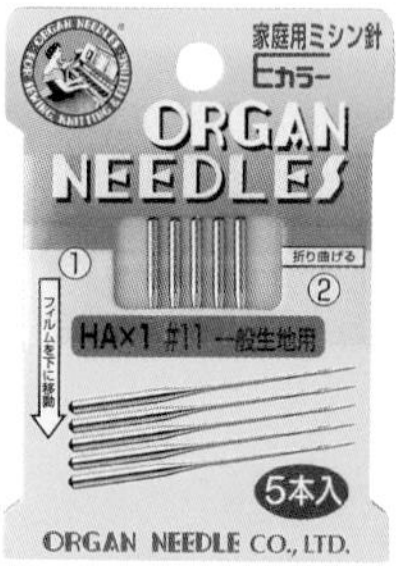

家庭用ミシン針
HA×1

最も汎用性の高い普通地用の11号。太さによって色が違うメーカーのものは識別しやすくて便利。

生地の厚さに合わせて針の太さをチョイス

生地の厚み	針の太さ
薄地 ローン、ボイル、ジョーゼット、オーガンジー、シフォンなど	**9~11**
普通地 ブロード、シーチング、ツイル、オックスなどのコットン全般、リネン、中厚までのニット生地など	**11**
中厚地～厚地 デニム、コーデュロイ、ツイード、キルティング、厚地のニット生地など	**11~14**

針は太くなるほど数字が大きくなるんだよね

そうそう、糸と反対だね

たくさん使うから
大巻がおすすめ

端かがりなら3本とも 細めの90番の糸でOK！

糸

専用の糸がいろいろ出ていて迷いますが、端かがりなら90番の細い糸が肌あたりもやさしくおすすめ。90番は安価なものも多く、質は見極めなければいけません。品質の悪い糸を使うと、強度が弱かったりきれいな縫い目にならない場合もあるので、注意が必要です。

安価なロック用糸（90番）

１つ200円弱とリーズナブルな価格の糸もたくさん出ている。色数が少ないが、基本色はそろっている。

ハイスパンロック（90番）

快適な縫い調子と美しい縫い上がりに定評がある。色数も80色と多く、ぴったりの色を選びたいときに最適。

手持ちの糸も使える！

Q 糸の色は生地に合わせるべき？

色が合っているに越したことはないけれど、３本必要なので色数をそろえるのは大変。費用もかかりますよね。

賢いのは、基本色だけを持って似た色ですます方法。たとえば左のれんが色のブラウスはこげ茶の糸で処理したもの。おかしくないですよね？　紺は黒、水色はグレー、ピンクは赤など、ほぼ目立たない色の相性はあるので試してみて。

ちなみに針糸なら使う量が少ないので、手持ちの普通のミシン糸（60、90番）を利用してもいいですよ。

Q 10 どんなふうに縫うのですか？

生地端をセットしたら、足で踏み込んでスタートします

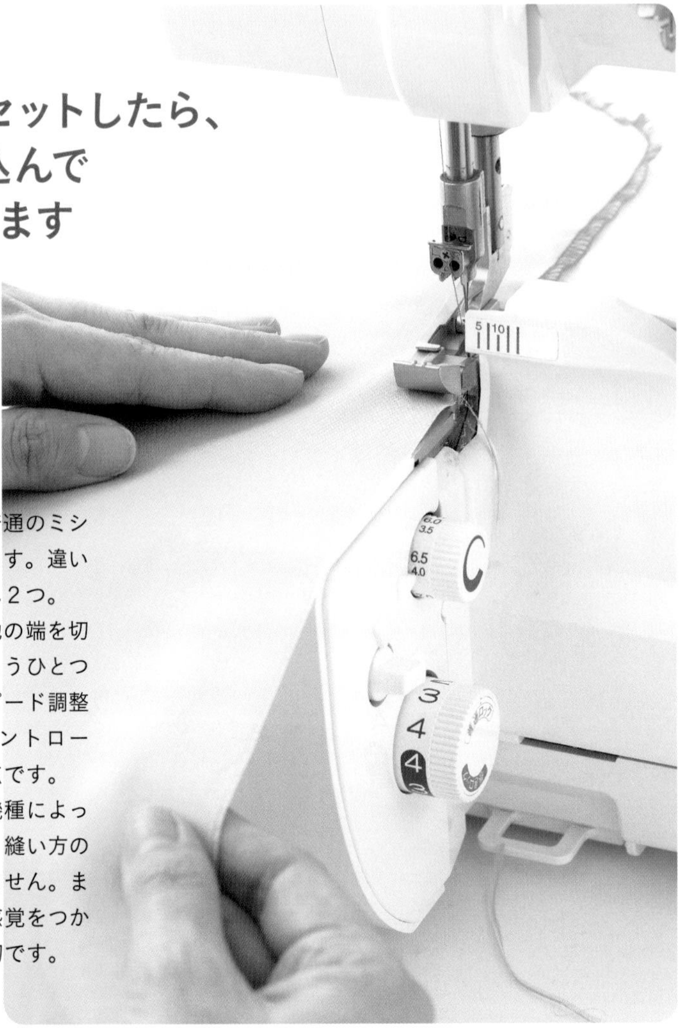

ロックミシンは普通のミシンとはかなり違います。違いを感じる点はたぶん２つ。

ひとつは常に生地の端を切りながら縫う点。もうひとつは、オンオフ、スピード調整をすべてフットコントローラーでするという点です。

糸かけや設定は機種によって方法が違っても、縫い方の基本動作は変わりません。まずは縫ってみて、感覚をつかんでみることが大切です。

かがり幅 4mm
送り目 2.5mm
差動なし

切りながら縫うっていうのが画期的だよね

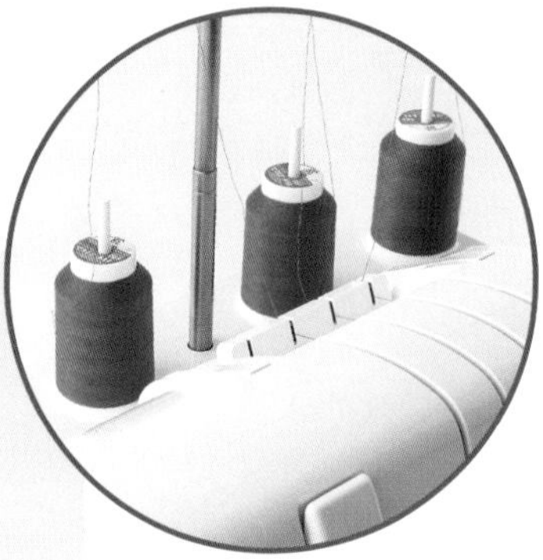

糸は 90 番

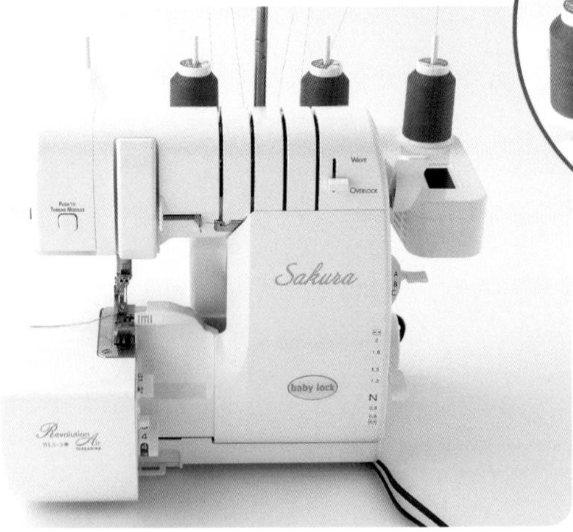

01 糸をセットする

使う機種の取扱説明書の指示通りに糸をかける。使う糸は 90 番（Q9 参照）で、針糸 1 本、上下ルーパー糸各 1 本の合計３本かける。自動糸調子の機種は３本ロックに設定する。

02

糸は押さえ金の上にそろえて置き（写真左）、押さえ金を下ろして手でプーリーを回し、2〜3目縫う。糸を左手で押さえると確実に糸がからむ。

03

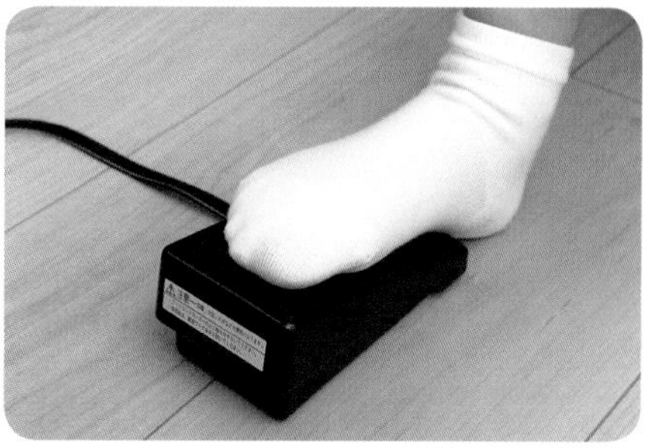

フットコントローラーを踏んでミシンを動かす。スピードは踏み込む度合いで決まるので、慣れないうちは深く踏み込まずゆっくり動かして。

04

押さえ金を下げ、まずは空縫いして縫い目（空《から》環《かん》）を出す。最低でも10cm以上は出しておく。

05

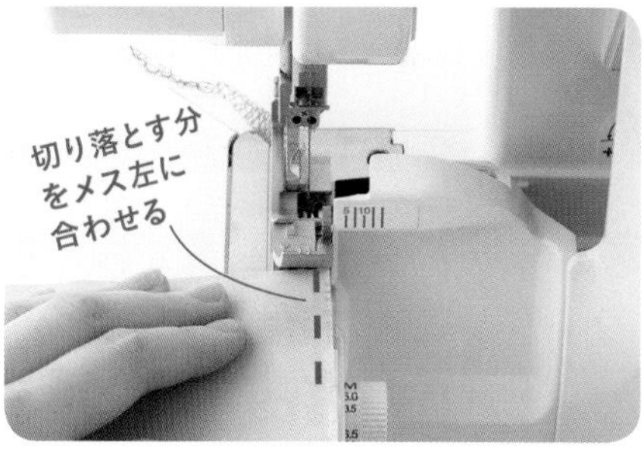

生地をセットし、ほつれた部分だけを切り落としながらフットコントローラーを踏んで縫い始める。位置の合わせ方はQ17参照。

06

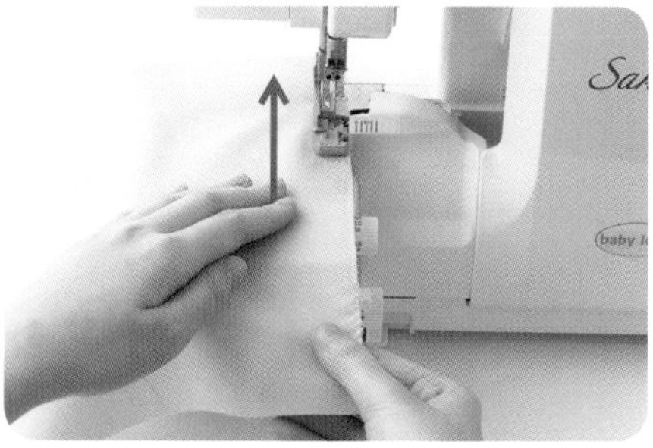

左手で生地を軽く押さえ、右手で軽く生地の手前を持ち、まっすぐ送って縫い進める。手にあまり力を入れず、生地の方向を保つことに集中して。

07

同じペースで縫い進め、最後まで縫いきる。

08

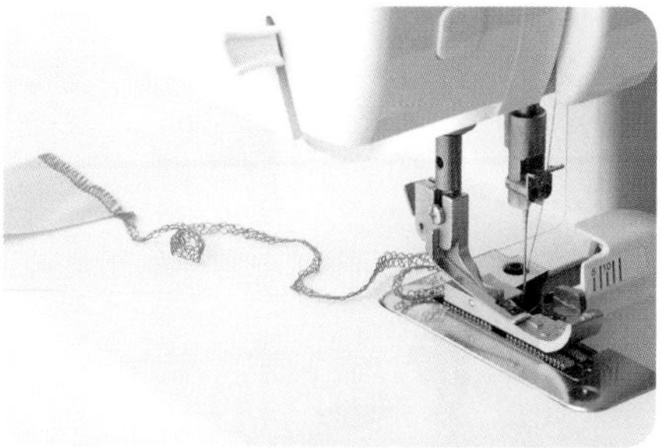

生地の端まで縫いきってもそのまま縫い、空環を10〜20cm出す。空環は長めに出しておいたほうが糸端の処理（Q22参照）がしやすい。

09

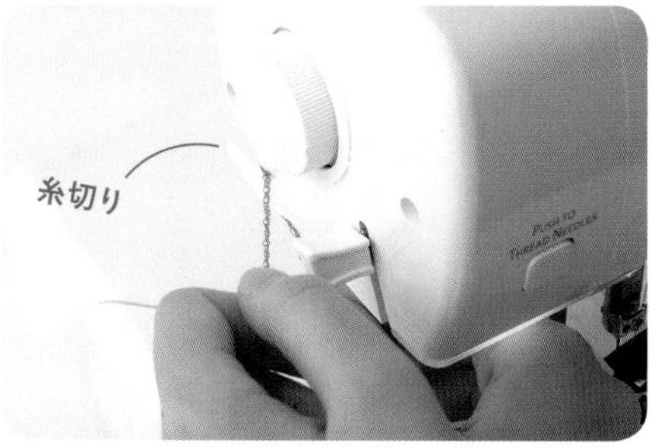

空環を切って終了。糸切りがついている機種はそこを利用。試し縫いの仕上がりを見て、糸調子や差動（Q16、Q18参照）が必要かチェックを。

Q11 返し縫いはいらないの？

いらない、というよりできないのです

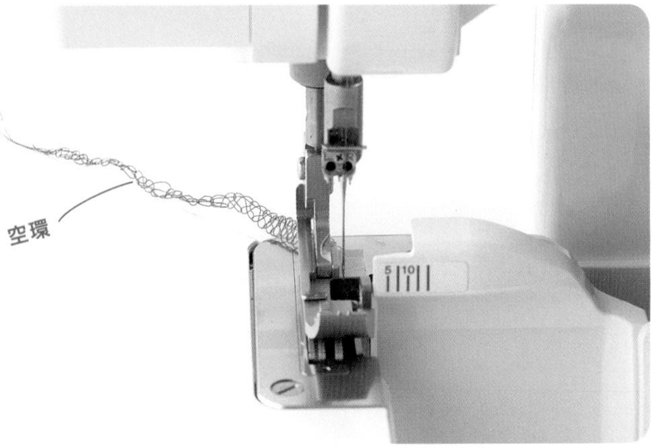
空環

直線縫いでは、ほとんどが必要な返し縫いですが、ロックミシンは構造上後ろに戻れないのでできません。

でも、いきなり縫い始め、縫い終わりもそのままなので「ほどけないの？」と心配になりますよね。

返し縫いをしないぶん、生地を使わずに空縫いをして絡み合った縫い目を出します（写真上）。この縫い目を「空《から》環《かん》」といい、これがあることでほどけにくく、糸端の処理（Q22参照）もしやすくなるのです。

代わりに
「空環」を
出すのね

Q12 縫い目に表裏はありますか？

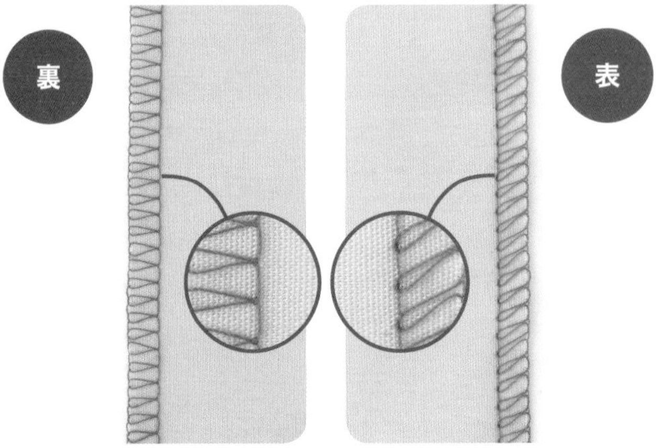
表
裏

縫い代の
倒し方にも
関係してくるよ

あります。見える側に表の縫い目がくるようにして

一見同じように見えるロックミシンの縫い目ですが、一応表裏はあります。針目が長く直線状に見えるのが表（写真右）、点状に見えるのが裏（写真左）です。

表目が見えたほうがきれいなので、縫い代を割るなら、生地の表面を上にしてロックミシンをかける。そうすると表目が見えるように仕上がります。縫い代を2枚一緒に端かがりするなら、縫い代をどちらに倒すかを考え、見えるほうを上にしてロックミシンをかけてください。

Q 13

縫い代の端かがり、縫う前？縫ってから？

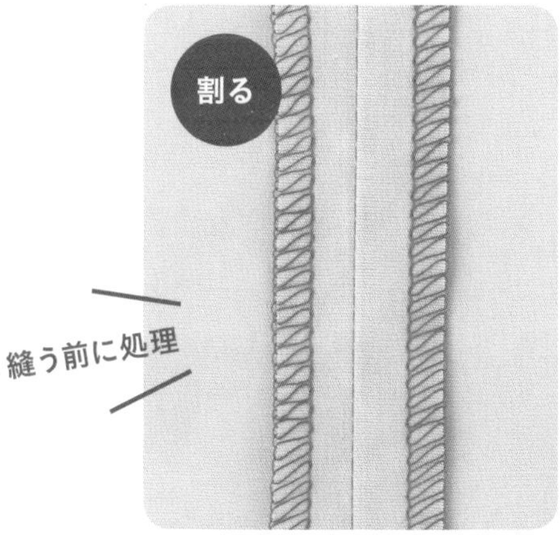

縫い代をどう処理するかで変わってきます

すべてのプロセスのどの時点で、縫かがりをすべきか。これは洋裁本によってもさまざまですし、一概には言えないのですが、初心者さんならこれを覚えておくといいという原則があります。

縫い代を割るのなら、縫い合わせる前が断然ラク。縫ってからだと、本体をどけながら端かがりするのは大変。関係ないところを切ってしまう失敗もないとは言えません。

一方、縫い代を片倒しにしたいなら、縫ってから2枚一緒に端かがりするのがラクできれいです。

Q 14

どんな生地でも端かがりできる？

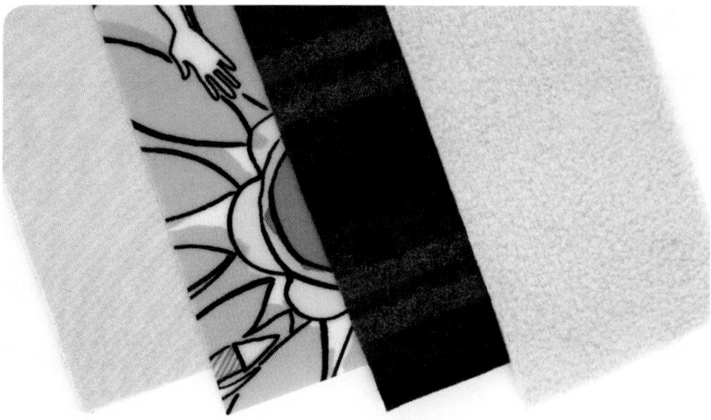

できますが、しなくてもいい生地もあります

一般的な布《ふ》帛《はく》やニット生地なら問題なく端かがりはできます。厚いウールや硬い帆布もOKですが、針が折れたり、曲がるケースも多いので、厚地用の太い針（#14）を使うことが大切なポイント。また、これらの生地は糸調子の調整が必要になることも。

端かがりはできるけれど、そもそもしなくてもいい生地もあります。フリースや圧縮ウール、ラミネート加工の生地、ウレタンボンディング（写真右から）など。これらは、裁ち端がほとんどほつれないので、切りっぱなしのまま作ることもできます。

Q 15 縫うときの設定ってどうすればいい？

かがり幅は縫い目の横幅のこと

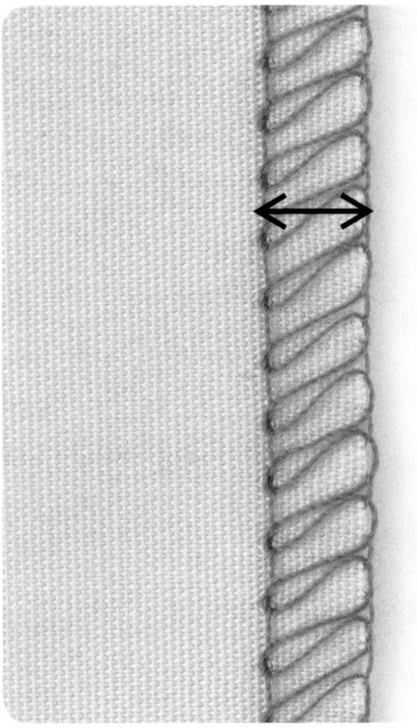

左端の針目から生地端までの幅を指します。かがっている幅のことを表すので「かがり幅」と呼びます。設定できる範囲は機種にもより、３～５㎜くらいで、生地が薄いと狭く、厚いと広くします。メインで使うのは４㎜がおすすめ。

２本針の機種の場合、左針を使うか右針を使うかでも変わります。

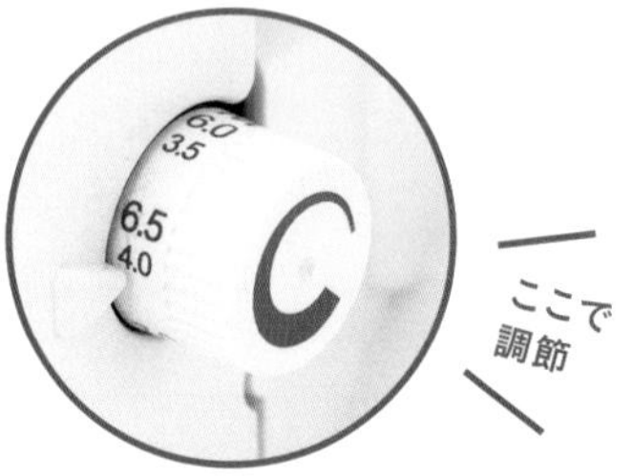

(単位は㎜、送り目は2.5㎜共通)

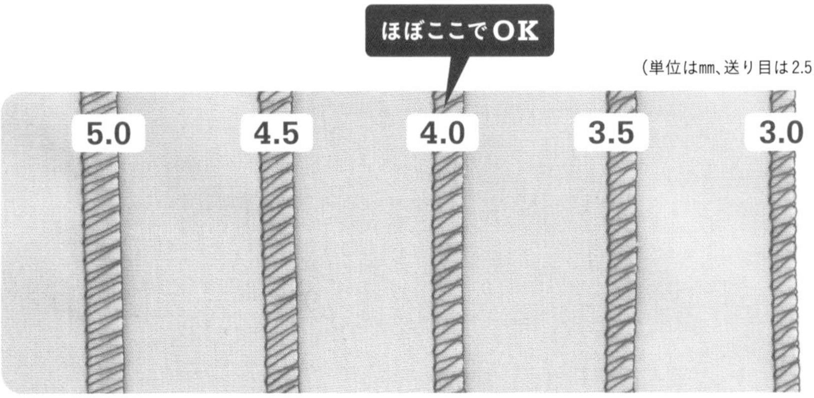

厚 ← 生地の厚み → 薄

厚地のときは４本糸でも

目が粗い生地や厚い生地の場合は、かがり幅が広くなる４本ロックを使うと縫い目が外れにくくなり安心。

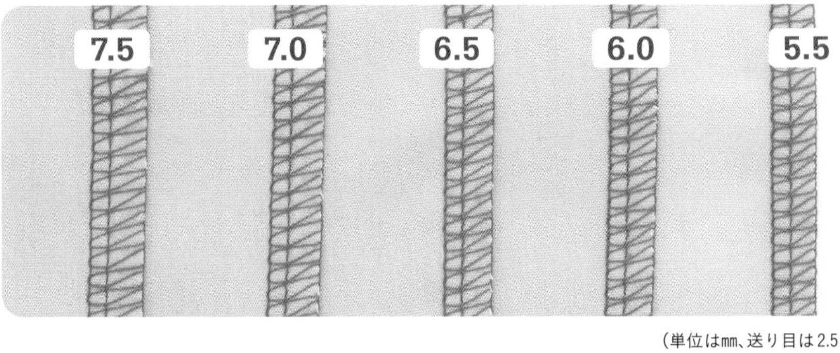

(単位は㎜、送り目は2.5㎜共通)

送り目とは縫い目の縦の間隔のこと

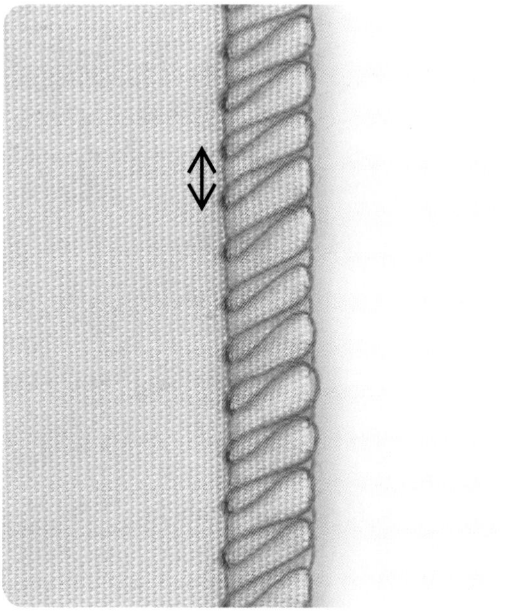

上下に並ぶ縫い目と縫い目の縦の間隔を指します。つまり針目の長さのこと。設定できる範囲は機種によりますが、１～４㎜くらいで、メインの設定は普通のミシンと同様2.5㎜に。

かがり目から生地の繊維がはみ出る場合はもっと狭くし、糸を密にしてかがるときれいな仕上がりに。

かがり目4.0
送り目2.5が
いちばん使うね

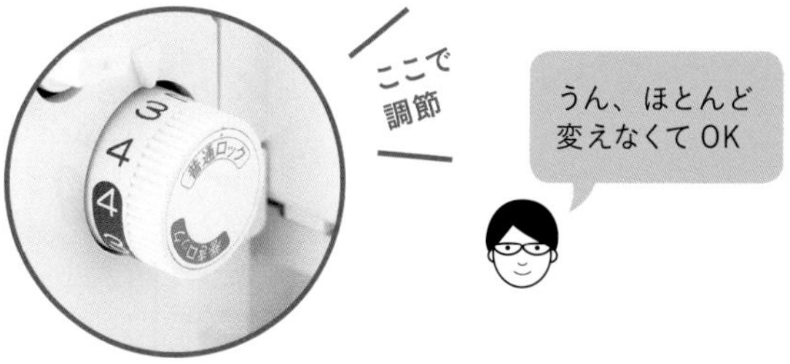
ここで
調節
うん、ほとんど
変えなくてOK

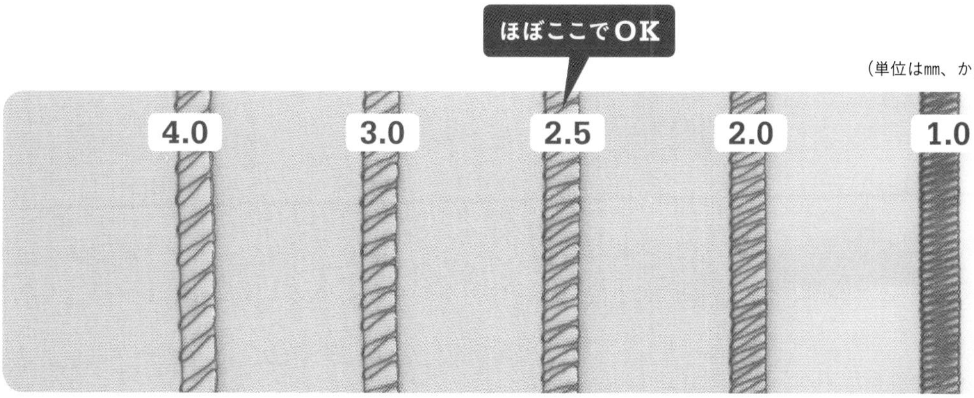
ほぼここでOK
4.0
3.0
2.5
2.0
1.0

（単位は㎜、かがり幅は４㎜共通）

かがり幅と送り目の設定が必要ですが、そう変えなくて大丈夫

糸かけや糸調子が自動だとしても、あいにく自分で設定しなきゃいけないこともあります。それが、「かがり幅」と「送り目」。

縫い目のどこが「かがり幅」で、どれが「送り目」なのか、上で詳しく説明していますが、ざっくり言ってしまえば、ロックミシンの「縫い目の幅」と「細かさ」のこと。

設定できる範囲が幅広いので、使いこなせるかしら？　生地を変えるたび設定しなくちゃいけないの？　と、不安になりますよね。ところがそのイメージは間違い。もっともベーシックな設定は「かがり幅４㎜」、「送り目2.5㎜」。これでほとんどの生地がカバーできます。いちいち変える必要はありません。

もちろん、こうでなくちゃいけないわけではありません。好みもあるので、もうちょっと太めが好きとか、細かいほうが安心というなら、少し前後して設定し、好みの縫い目を探してみて。

Q16 きれいな縫い目ってどういうの？

これがきれいな縫い目！

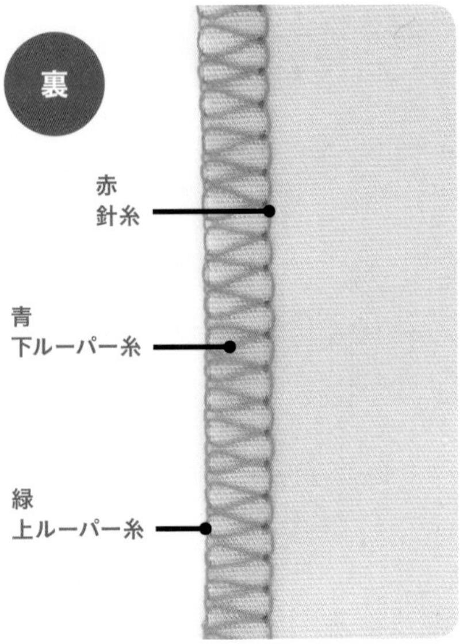

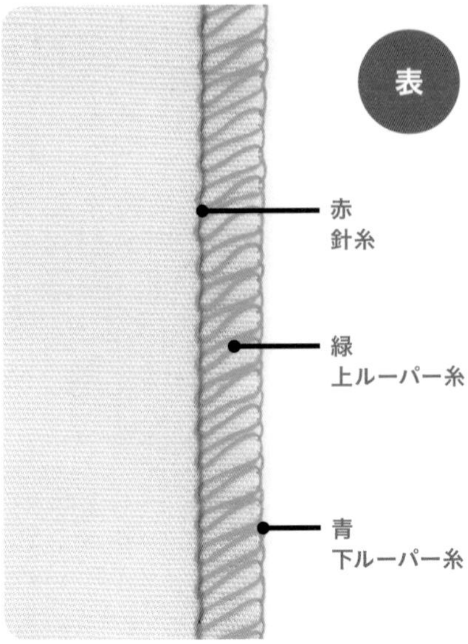

糸調子が手動の機種の場合は自分で調整が必要。表目だけでなく必ず裏も見ます。まずは左端の針糸からチェックし、次に上ルーパー糸、下ルーパー糸へ。３本の糸それぞれをチェックしていきます。針糸にゆるみがなく、上ルーパー糸と下ルーパー糸がちょうど生地端で交わるのがきれいな縫い目です。

NGな縫い目

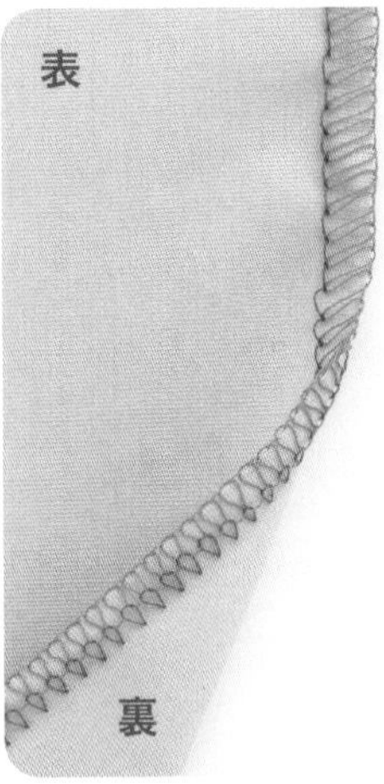

針糸の縫い目がゆるい

針目がゆるく、裏を見るとループ状になって浮いている状態。これは針糸を強くなるように調節する。

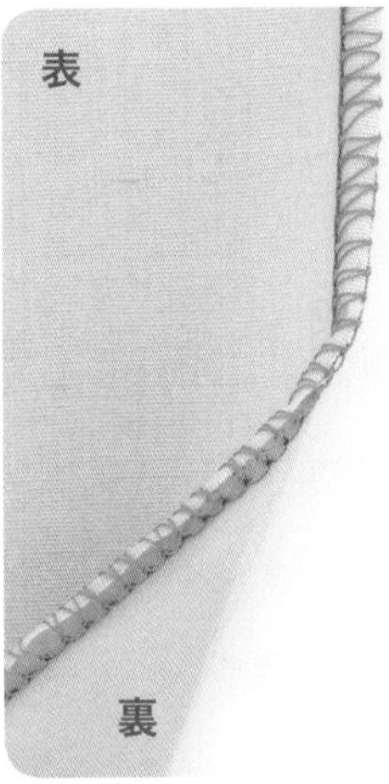

表の糸（上ルーパー糸）が裏に出る

裏を見ると表側の糸が引っ張られて巻き込んでいる状態。これは上ルーパー糸が弱いということなので、強くなるように調節。

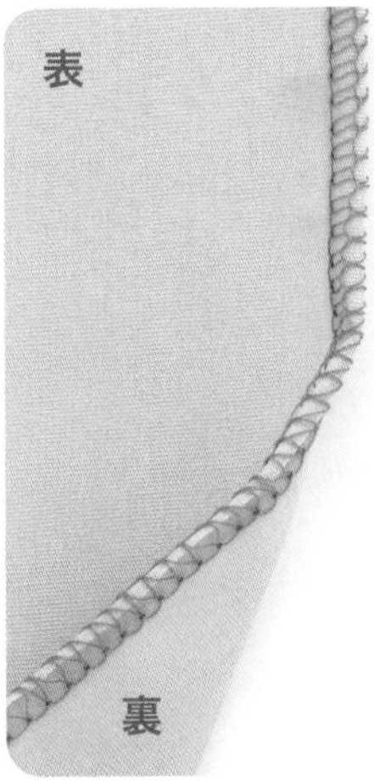

裏の糸（下ルーパー糸）が表に出る

裏側の糸が生地端を越えて表に出てしまっている状態。これは下ルーパー糸が弱いということなので、強くなるように調節。

Q 17 切りながら縫うって…どのくらい？

ほつれた糸だけを切り落とすイメージ

これがメスと言われるカッター。上メスが上下に動いて生地を切り落とし、直後にかがるしくみ。

ロックミシンと普通のミシンの大きな違いに、「切って縫う」という機能があります。切りながらだと、生地端からきれいにかがることができるのです。

端かがりの場合は、ほつれた糸だけを切り落とすと覚えて。縫い合わせる前に大きく切り落とすと、寸法に狂いが生じてしまうからです。切り落とすラインをメスの左端に合わせて生地を送り込みます。

なお、縫い合わせたあとに端かがりをするなら、切り落としても問題ありません。

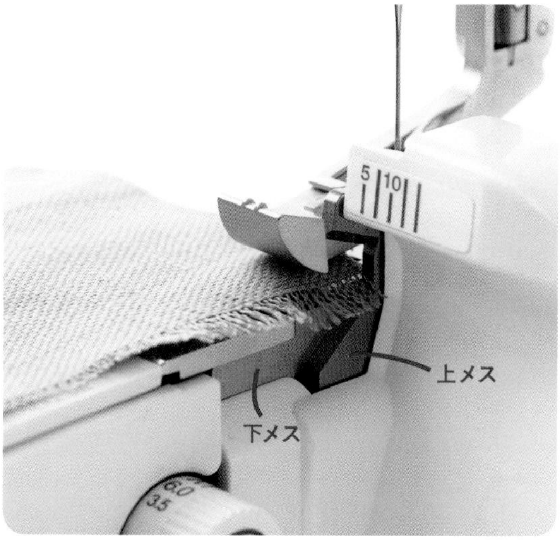

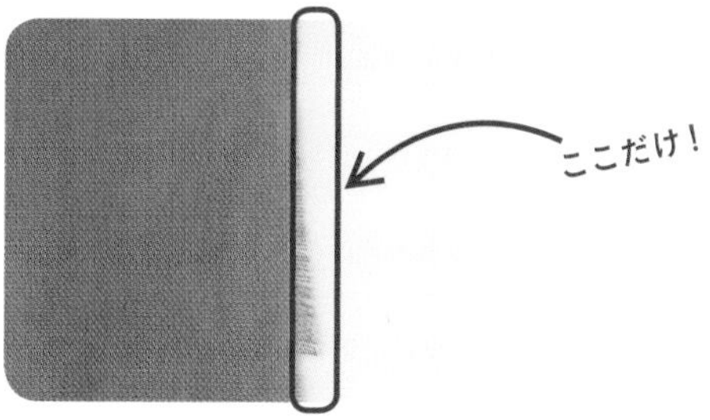

切り落とさなくてもかがれるけど…

同じ生地で試して比べると差は明らか。切り落とさずにかがったほうはかがり目の間から生地の繊維が飛び出し、洗濯するとさらにほつれてきそう。慣れるまでは切りたくないなら、ロータリーカッターを使ってきれいな裁ち端にするといくぶんいい。

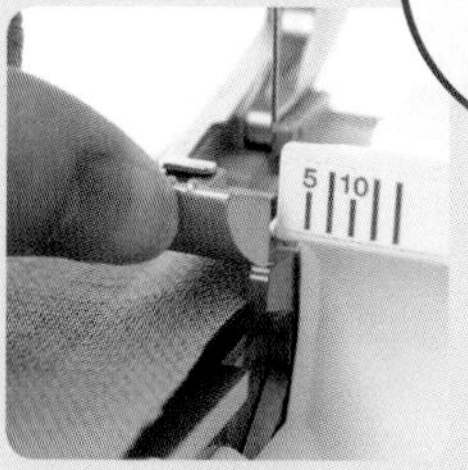

切らない場合はメスを下げる（機種によって方法が違うので注意）。押さえを上げ、裁ち端をメスの側面にあてながら生地を奥まで送り、スタートする。

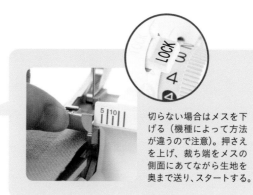

Q 18

「差動」ってどういう機能なの？

これが差動レバー

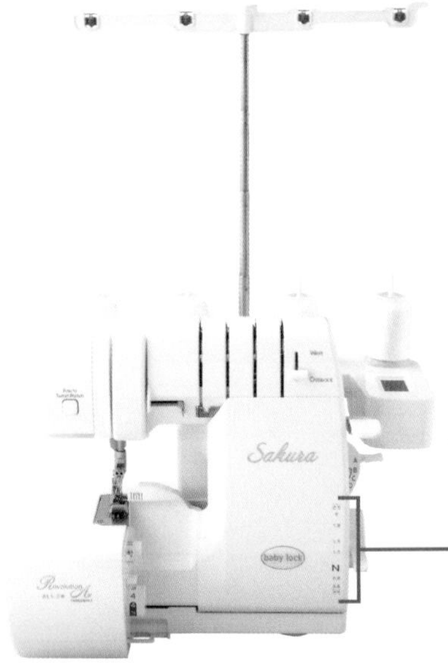

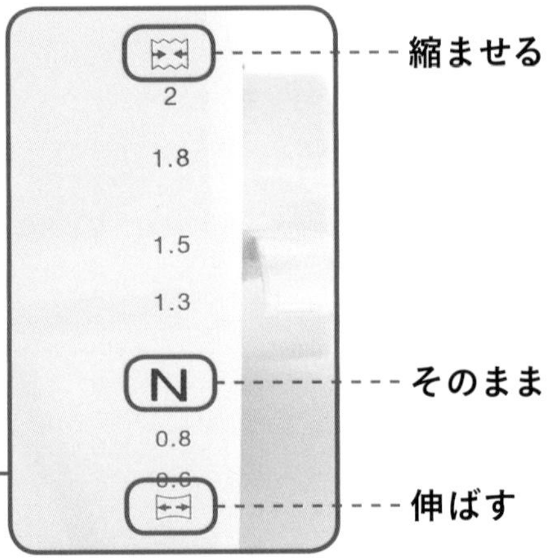

「N」はニュートラルで、何も操作しない状態。縮み縫いは４段階で数字が大きくなるほど縮み、伸ばし縫いは２段階で数字が小さくなるほど伸びる。

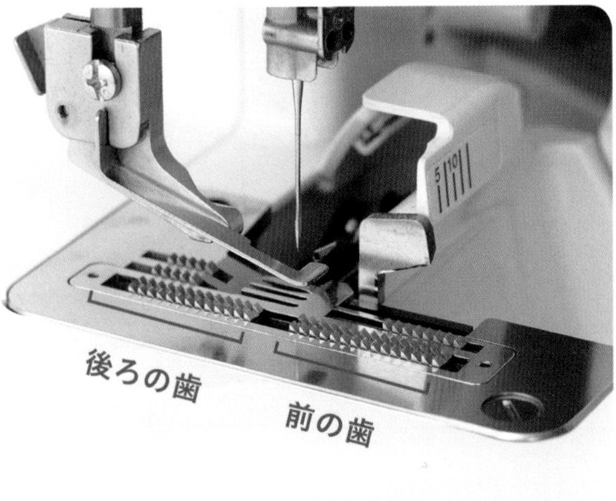

差動のしくみは前後の送り歯の動きにあり！

前後にある送り歯の動きに差をつけることで、伸ばし縫い、縮み縫いが可能に。「動きに差がある」ということから「差動」という。２枚の生地を縫い合わせる場合は、下の生地が送り歯の影響を受けやすい。

生地の伸び縮みを調整しながら縫える機能です

ロックミシンを店頭で見ると、「差動つき」という言葉をよく見かけます。これはロックミシン特有の、生地を伸ばしたり、縮めたりしながら縫う機能。機種にもよりますが、レバーで何段階かに程度を設定できるのが一般的です。

試し縫いをしてみて、縫い目が縮む場合は伸ばし縫い、伸びてしまう場合は縮み縫いにすることできれいに仕上がります。特にニット生地は伸びやすいので差動は便利。ニット生地をよく使う人にはぜひほしい機能です。

動きに差があるから
「差動」なんだ！

試し縫いをしてこうなったら…

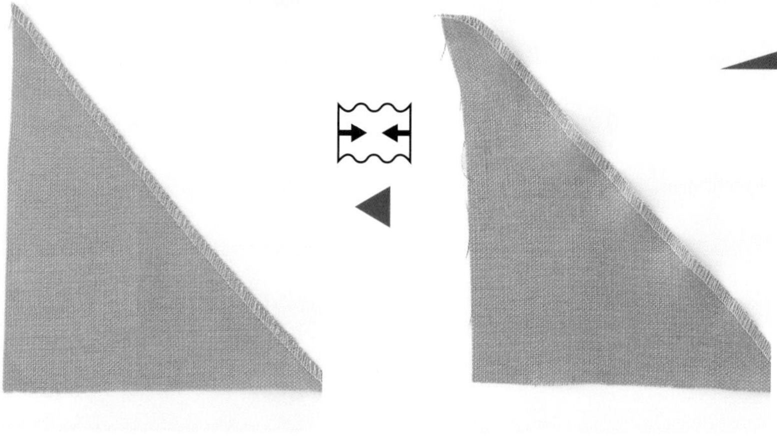

伸びちゃった！

伸びやすい生地

生地のバイアス（斜め）の
裁ち端やニット生地

試し縫いで波打ったり、広がってしまったら、差動を縮むほうに調整。生地が平らに落ち着くまで段階を踏んで縫う。

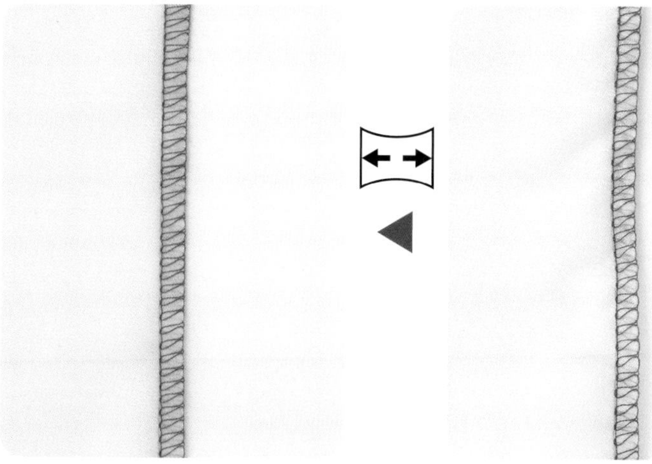

縮んじゃった！

縮みやすい生地

裏地、ジョーゼット、サテン、
ローンなどの薄地

試し縫いで、シワが寄ってくしゅっと縮んだり、引きつれが起きてしまったら、差動を伸ばすほうに調整。生地が落ち着くまで段階を踏んで試し縫いを。

こんな使い方もできる！

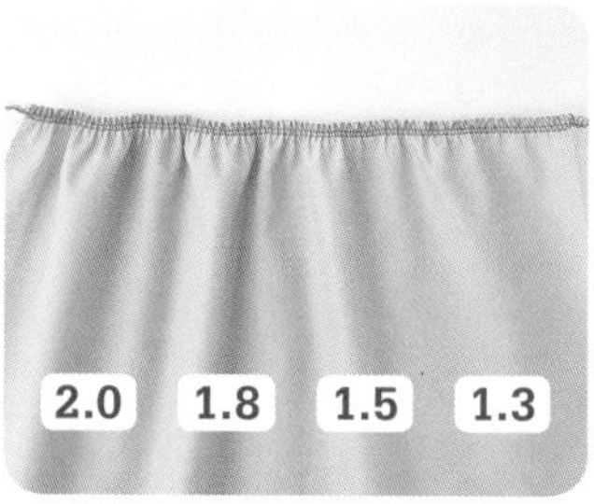

ギャザー寄せ

差動の縮み縫いでギャザーを寄せることもできる。右から1.3、1.5、1.8、2.0と段階を上げるごとに細かいギャザーに。多くギャザーを寄せたかったら、バルキー押さえを使うといい（Q26参照）。

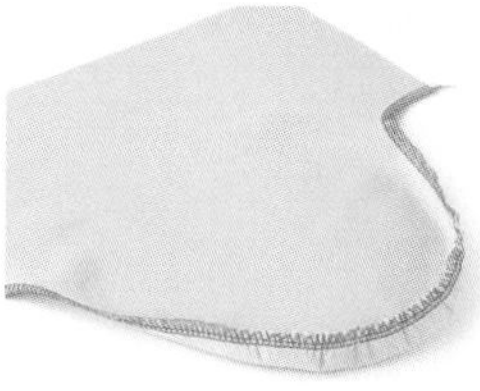

袖山のいせ込み

ブラウスやワンピースなど、袖山を縫い縮める「いせ込み」にも差動が活躍。均等に縫い縮められ、ふっくらときれいに仕上がる。

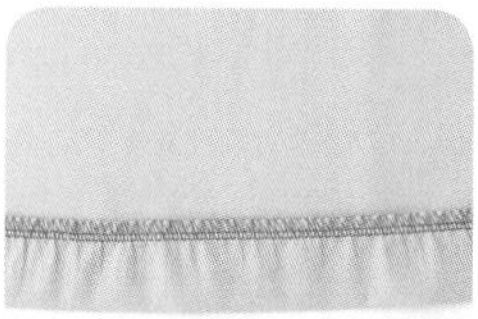

スカートのすそ上げ

カーブになっているスカートのすそは、端かがりをしながら差動で少し縮ませると、折り上げたときにおさまりがよくなる。

段階による
違いが
よくわかるね！

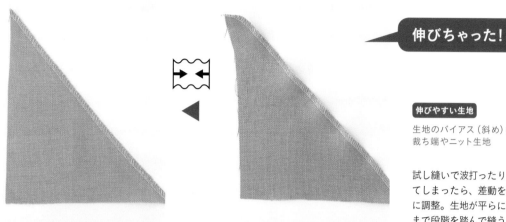

Q19 角はどうやって縫えばいいの？

外角

縫い方 1 分けて縫う

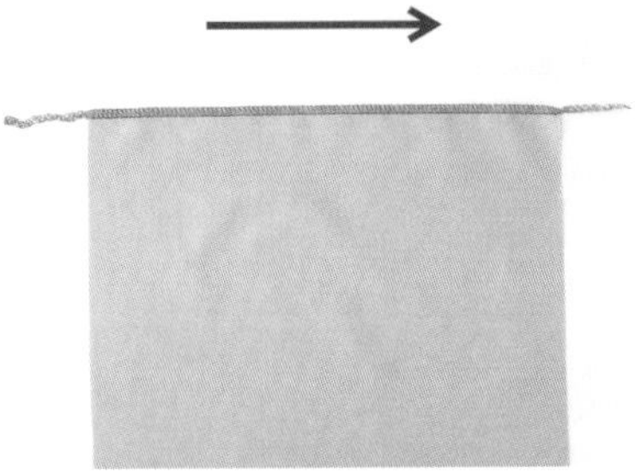

01 まず、1辺を縫う。あとでカットするので、角になる部分の空環は短くてもいい。

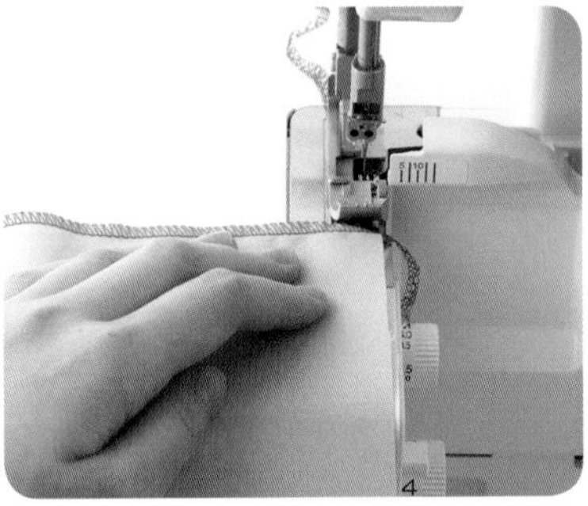

02 生地を90°回し、もう1辺を縫う。このとき前の縫い終わりの空環を切ってかまわない。

縫い方 2 続けて縫う

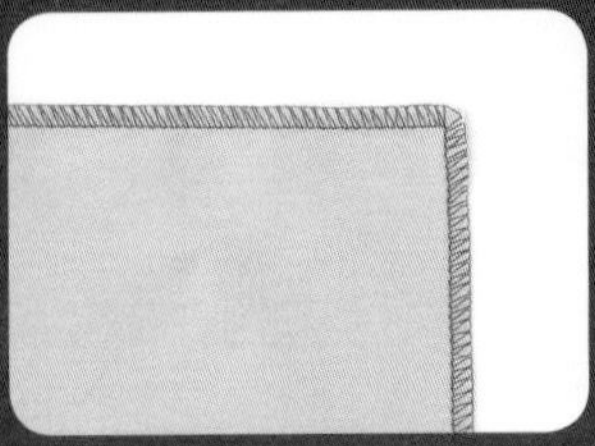

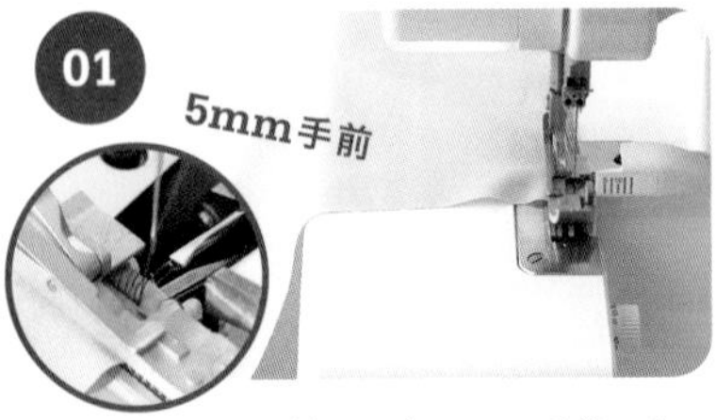
5mm手前

01 1辺を縫い、角の5mm手前になったら止める。ペンで印をつけても。

02 押さえと針を上げ、針穴の上で糸を引く。生地を動かさないように。

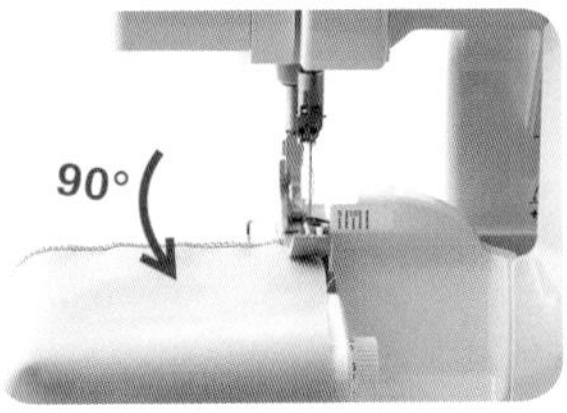
90°

03 静かに生地を90°回し、押さえを下げる。生地の動きは最小限に。

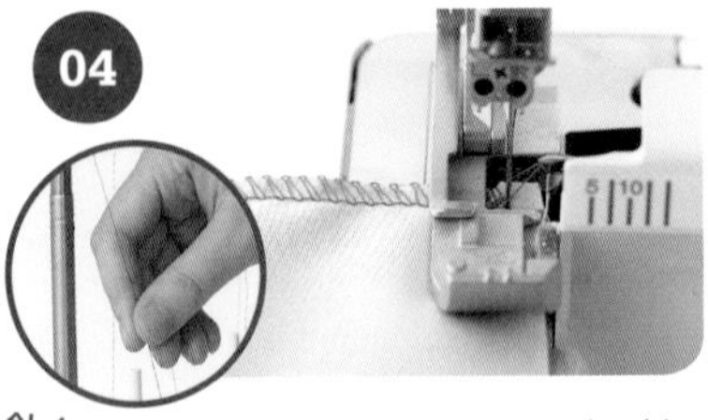

針糸を引く

04 最後の針刺し位置に再び針を刺し、針糸を引いてから縫う。

初心者さんには
こっちがおすすめ

糸端の始末は
Q22を見てね

内角

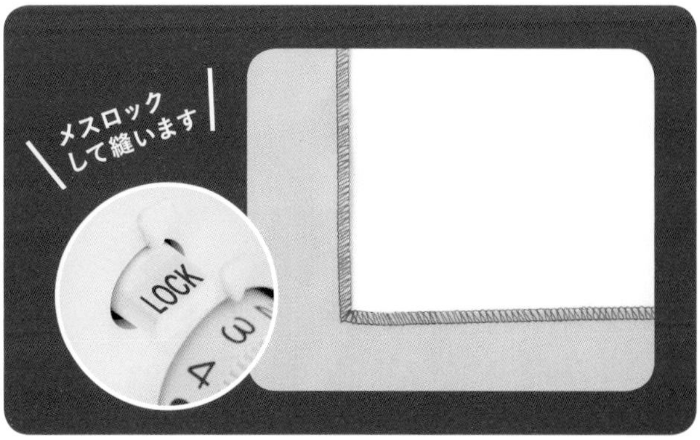

縫い方 1 線を引く

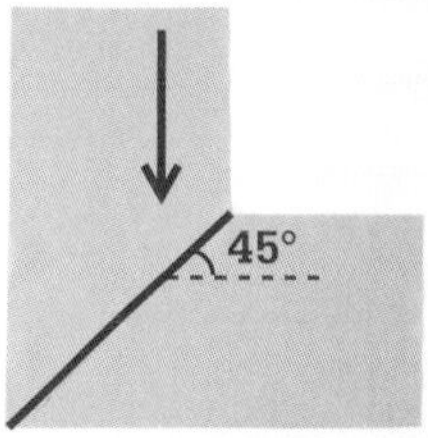

01 角から外側に向かって斜めの線を引く。細いペンではっきり描くと縫いやすい。

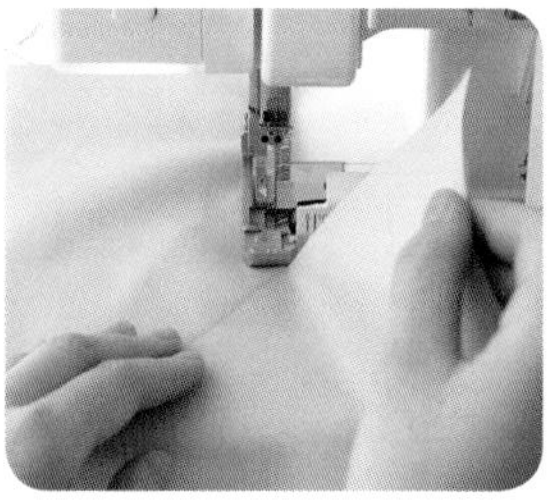

02 メスをロック（解除）して縫い始める。角の近くになったら手前の生地を持ち上げる。

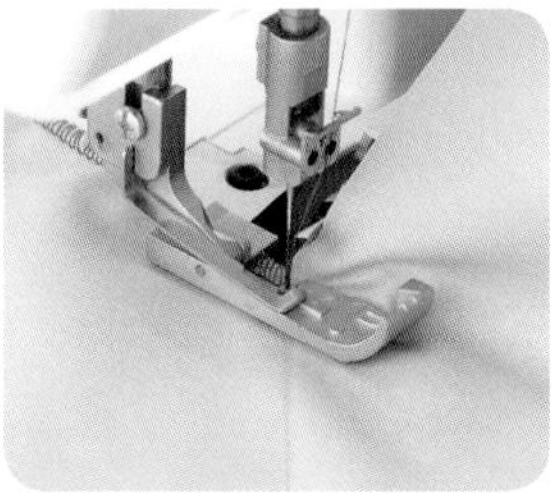

03 そのままスピードを落として縫い進め、針がちょうど線の上にきたら止める。

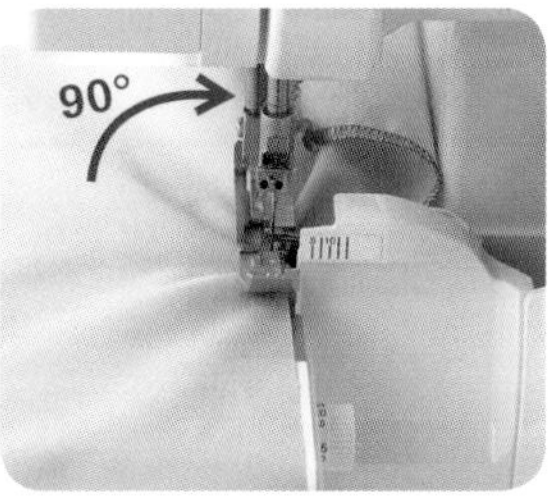

04 針を刺したまま押さえを上げ、生地を 90° 回転させたら押さえを下げる。

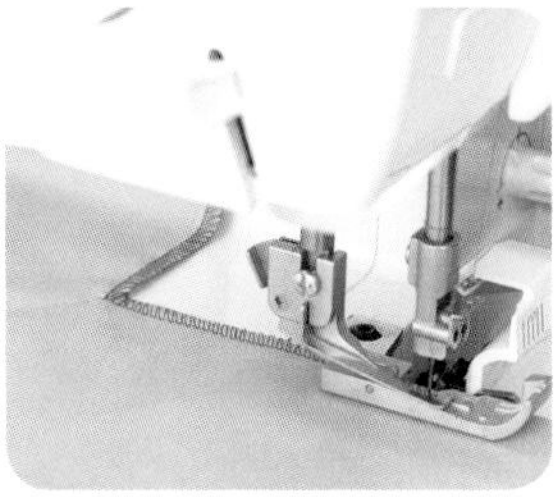

05 そのまま縫い進めれば、角はきれいに縫えている。

線の上にきたら
90° 曲げるのね

縫い方 2 切り込みを入れる

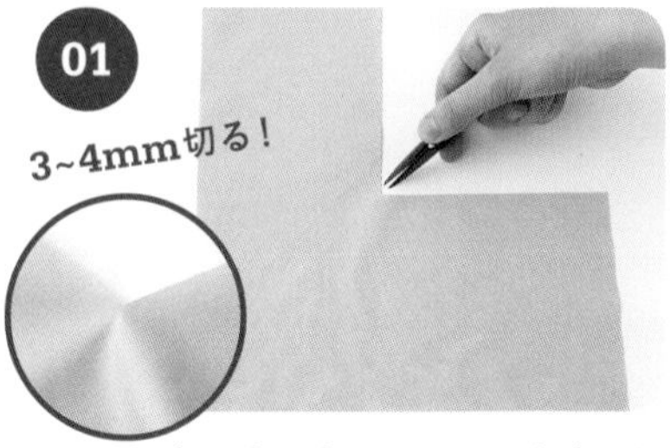

01 角の真ん中に３～４㎜程度の切り込みを入れる。糸切りばさみを使うといい。

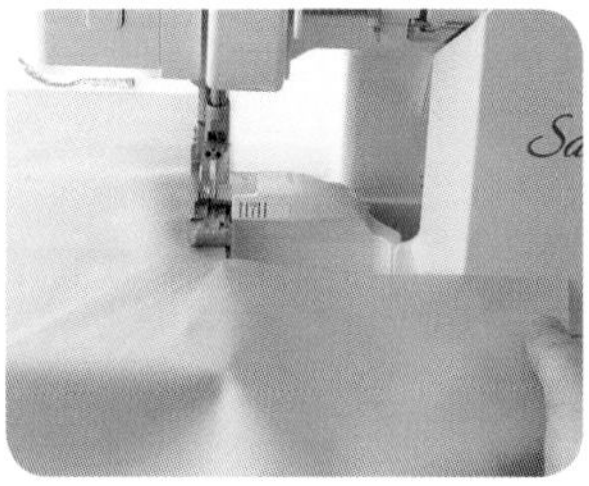

02 メスをロック（解除）して縫い始め、角に向かって縫い進める。

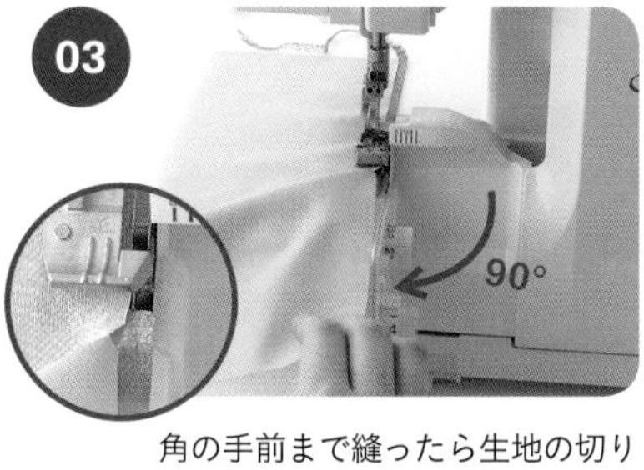

03 角の手前まで縫ったら生地の切り込みを開き、生地端をまっすぐに送って縫い進める。

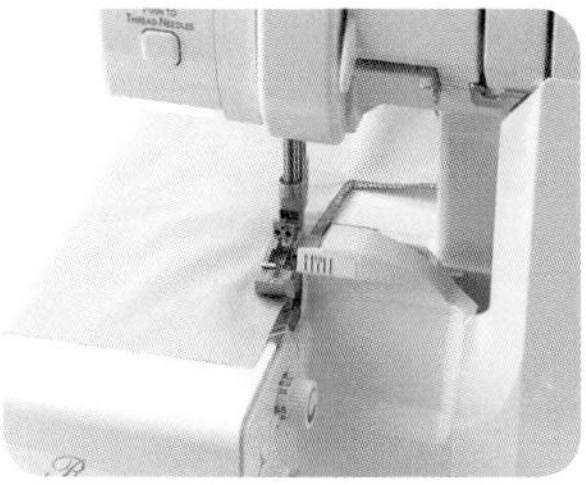

04 角を過ぎたら生地を平らにならし、最後まで縫いきる。これで角がきれいに縫えている。

Q 20 カーブを外さずに縫うには？

内カーブ

01 右手で生地を手前に引きながら、生地端が針落ち位置まで常にまっすぐになるように送り込む。

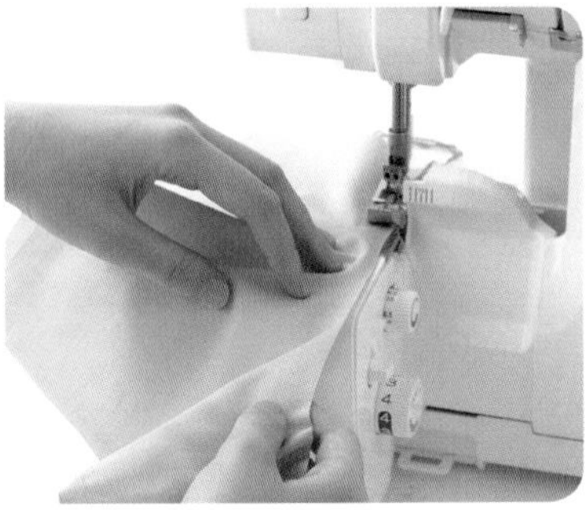

02 カーブが続いているうちは、左手で横シワを作るように生地をつかむとまっすぐになりやすい。

外カーブ

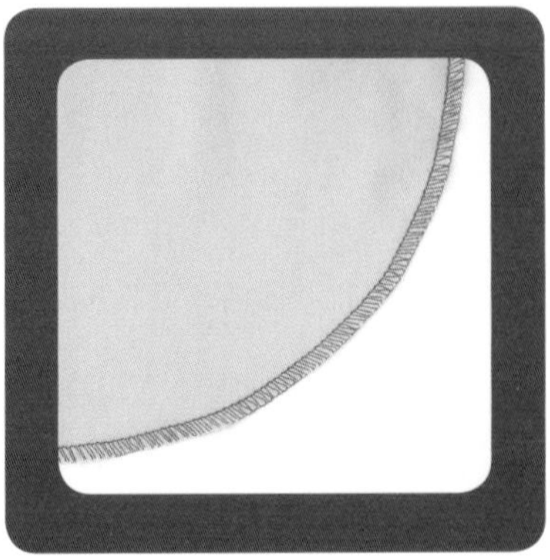

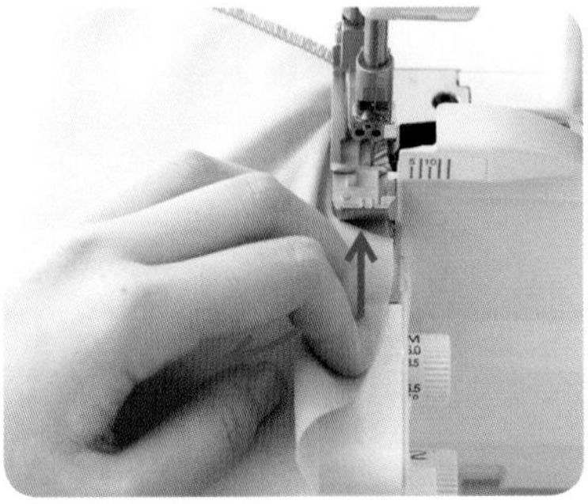

01 左手で生地を縮めながら、生地端がメスから針落ち位置までまっすぐになるように生地を送って縫う。

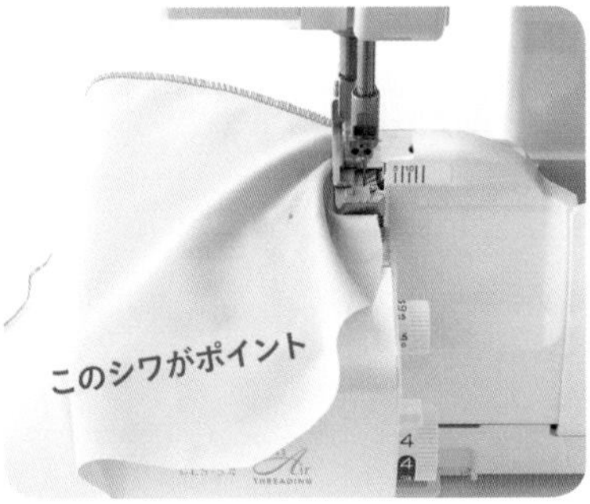

手を外すとこんなシワが。カーブしている生地端を、常にまっすぐに送り込むのがポイント。

生地の動かし方が
コツなんだね

こうなったら NG

生地を平らにしたままカーブに忠実に縫い進めると、針落ち位置にきたときには生地が逃げてしまい、縫い目が生地端から浮いてしまう。

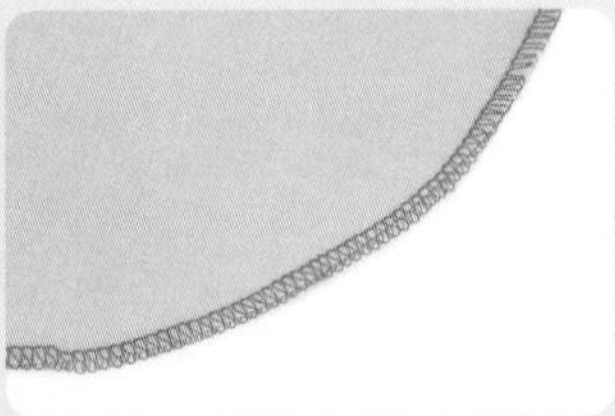

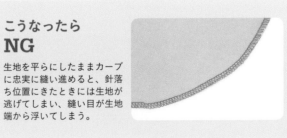

Q 21

輪をきれいに仕上げるには？

輪

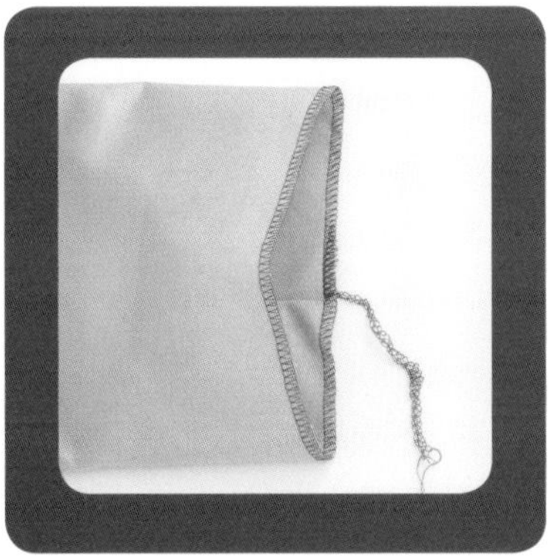

01 輪になった生地を裏返し、表側から縫えるようにセット。縫い始めは輪の縫い目の2cm前ぐらい。

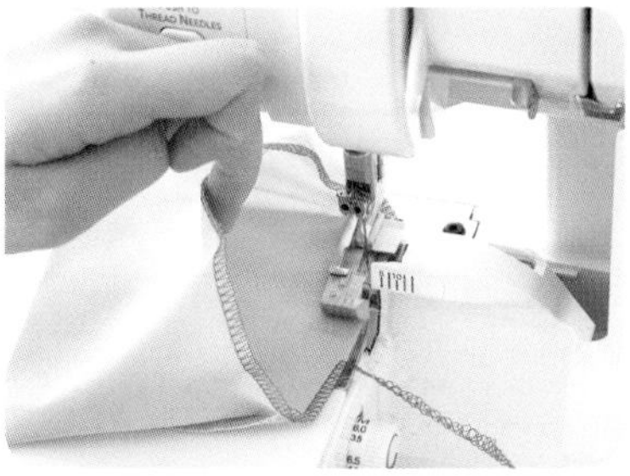

02 生地のほつれた部分を切り落としながら縫い進め、ぐるりと一周縫う。

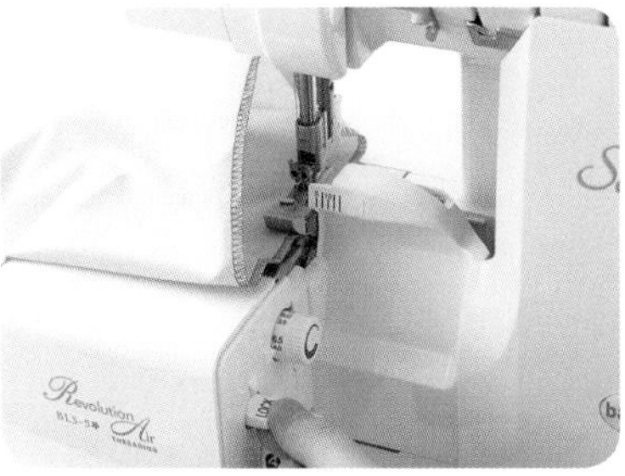

03 縫い始めの空環を切り落としたら、すぐにメスをロック（解除）。

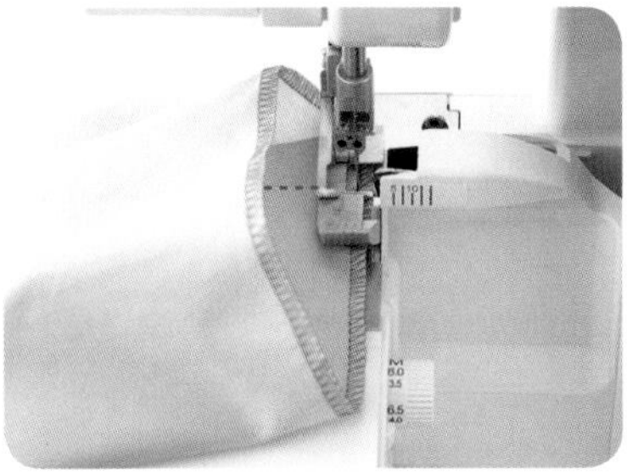

04 縫い始めの縫い目に2cmほど重ね、ちょうど輪の縫い目のところで縫い終わる。

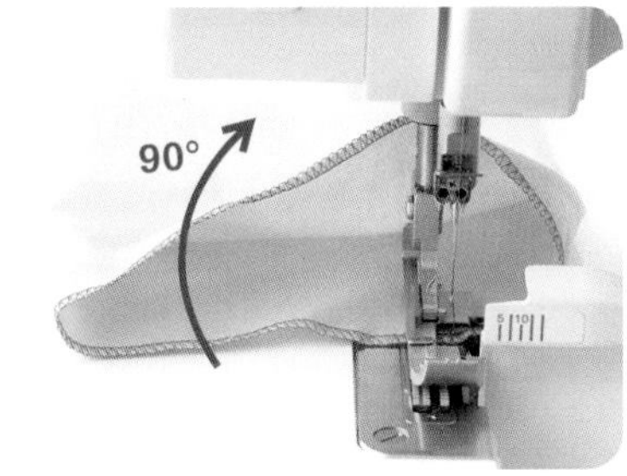

05 針と押さえを上げて生地を後ろに90°回転させる。この工程で、縫い終わりがきれいになる。

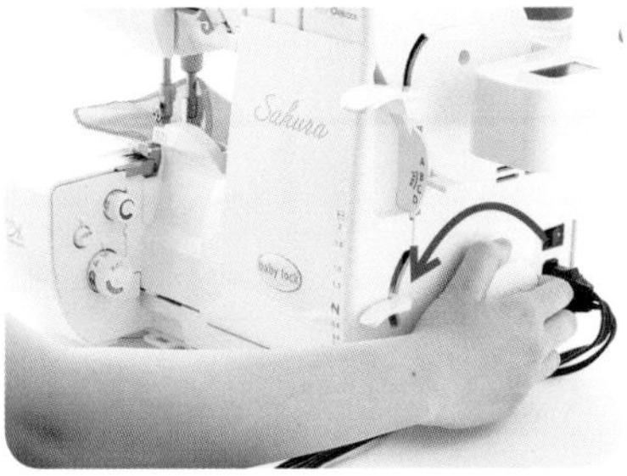

06 プーリーを回して1～2目縫ってから、フットコントローラーを踏んで生地を外す。

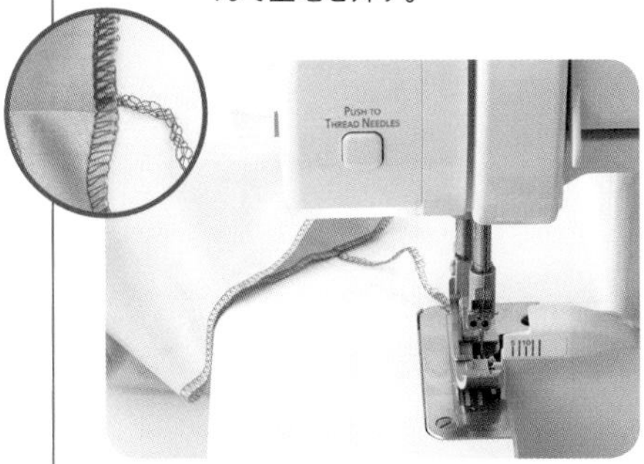

07 そのまま空環を出して終了。縫い終わりが斜めではなく直角に外れるので、仕上がりがきれい。

裏返して
ミシンに
セットするのが
ポイント

Q
22

糸端はどう始末する？

始めと終わりに空環を長く出して…

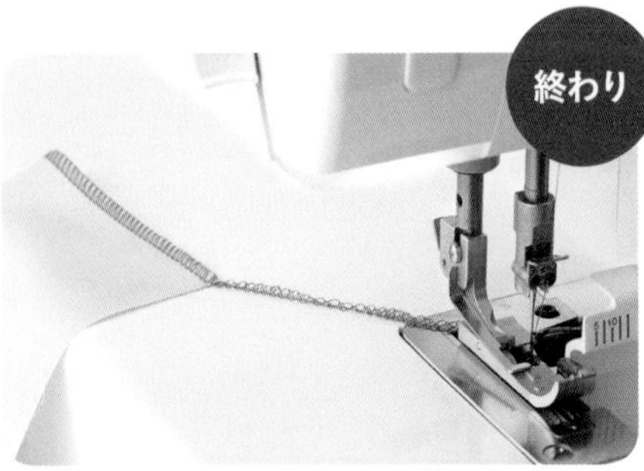

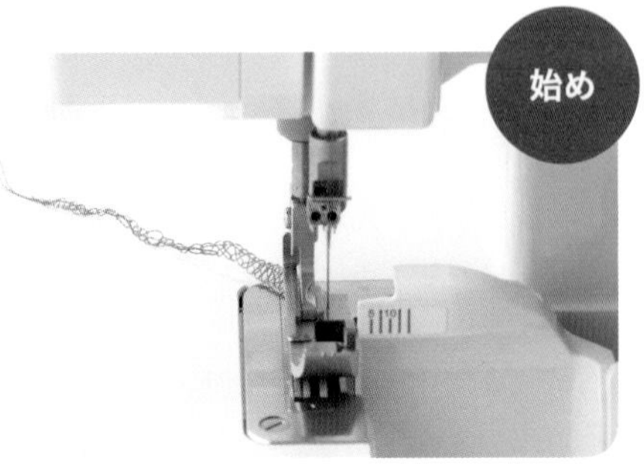

ロックミシンは縫い始めと縫い終わりに空環を出すので、最後にこれを処理しなくてはなりません。もちろん、ただ切るのは厳禁。ほどけてきてしまいます。とじ針を使って処理するので、空環はできれば15cmくらい長めに出しておいたほうが作業がスムーズです。

糸端はとじ針で縫い目の中に！

01

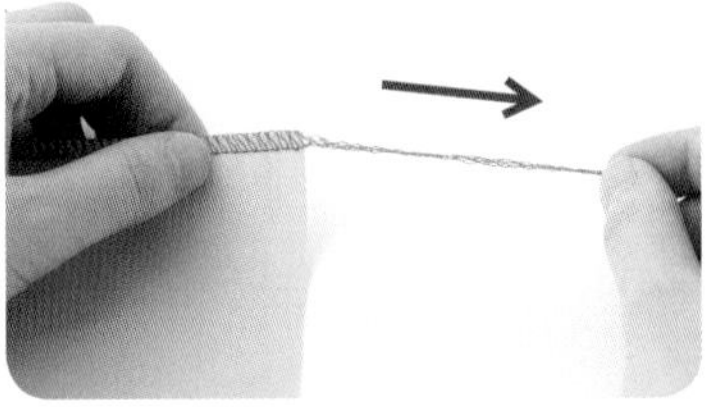

空環を引っ張り、ゆるくからんだ縫い目を細く固くする。

02

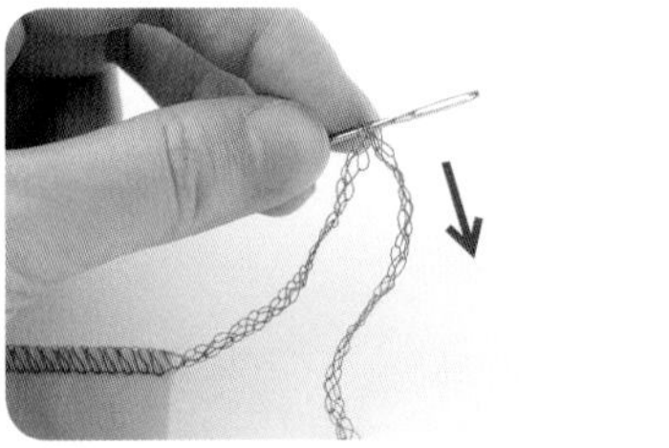

空環をとじ針にかけて指の腹で押さえ、空環を２本一緒に手前に引いて折り山を作る。こうするととじ針に通しやすい。

03

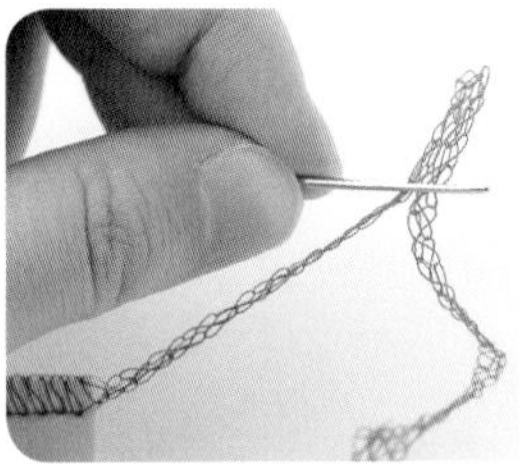

できた折り山をとじ針の穴に通して空環をとじ針に通す。

04

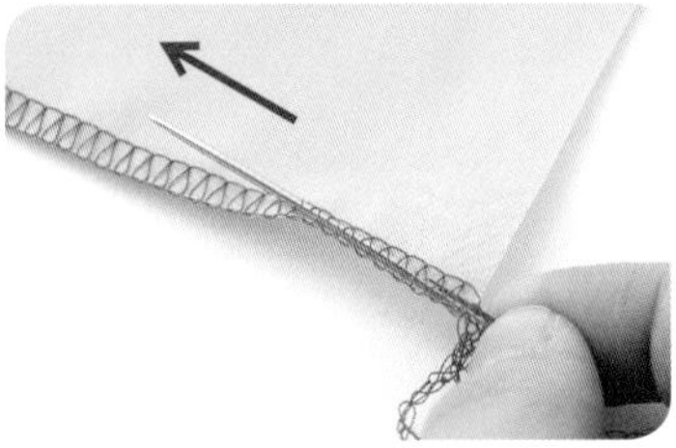

とじ針の先端を縫い目の裏側に通し、2cm程度通して針先を出して引く。これで空環が縫い目の中に入る。

05

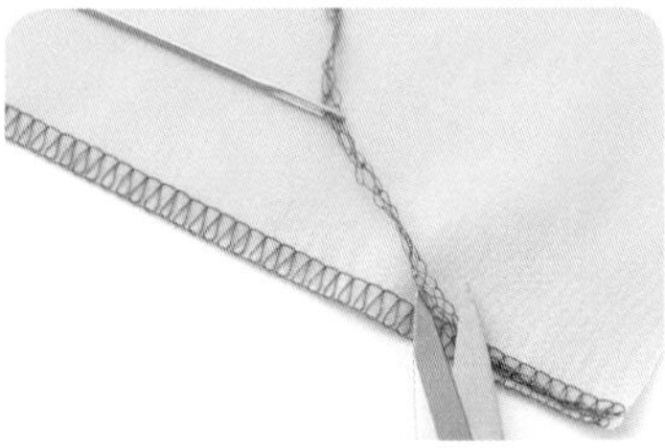

はみ出た空環をカット。

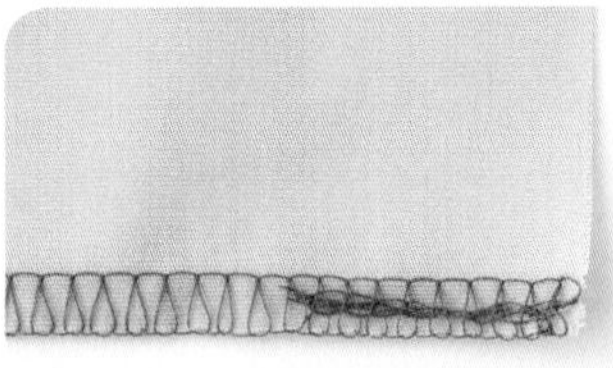

これで糸端の始末は終了。最終的に空環が長く残った箇所は、こうしてすべて糸端を始末する。

編み物に使うとじ針。違う太さがセットになったものがひとつあると便利。

Q 23
ほどくときの簡単な方法は？

何も考えずにルーパー糸を引っ張ると…

目打ちやリッパーでむやみやたらに縫い目を引っ張るのは厳禁。引っ張ったのがルーパー糸だと、写真のように縫い目が縮まり、生地も糸も固く絞られてしまいます。こうなるとほどくのに手間がかかり、生地も傷むことに。

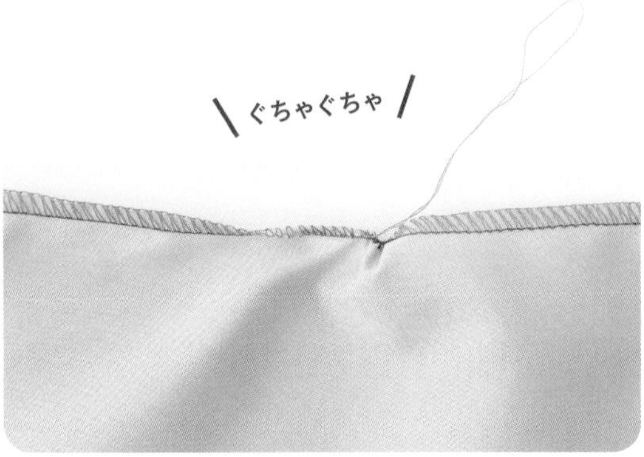

あるある！
キュッと縮まって
やっかいなのよ

引っ張るのは針糸。先に抜いてしまうと超簡単！

01

生地の両端に出た空環をカットする。ギリギリきわまでカットしてOK。

02

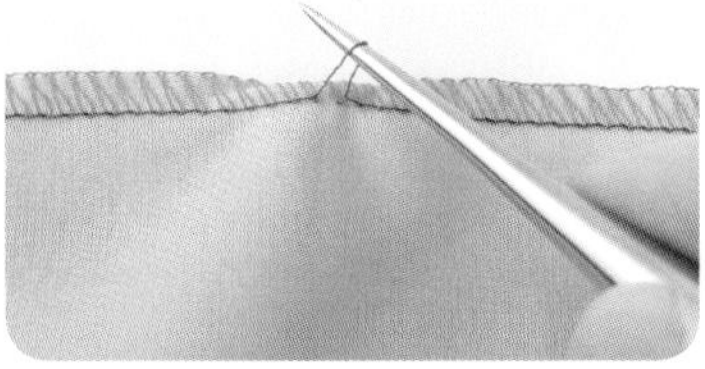

目打ちを使って針糸をひっかけ、上に引き出す。４本ロックの場合は針糸２本なので、２本一緒にひっかけて引き出す。

03

引き出した針糸をカット。４本ロックの場合は針糸２本を一緒にカットする。

04

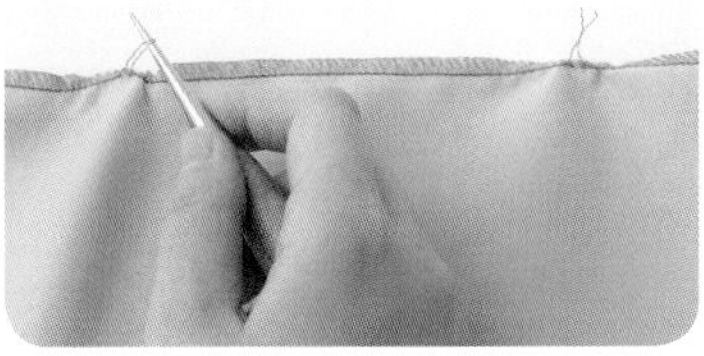

15cmぐらい置きに、同じ作業を繰り返し、ところどころ針糸をカットする。針糸以外は一切さわらない。

05

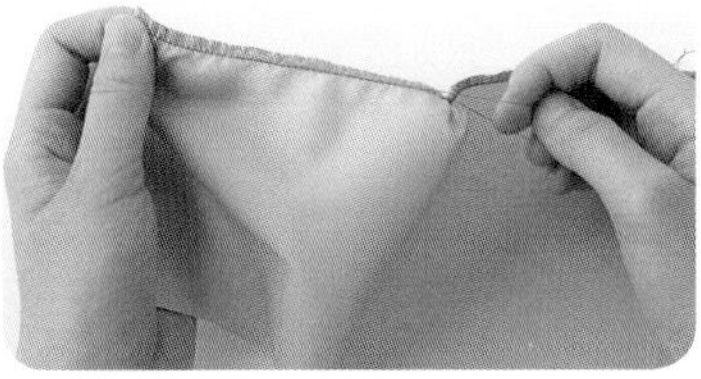

カットした針糸を指でつまみ、横にスーッと引くと、針糸だけがきれいに抜けていく。

06

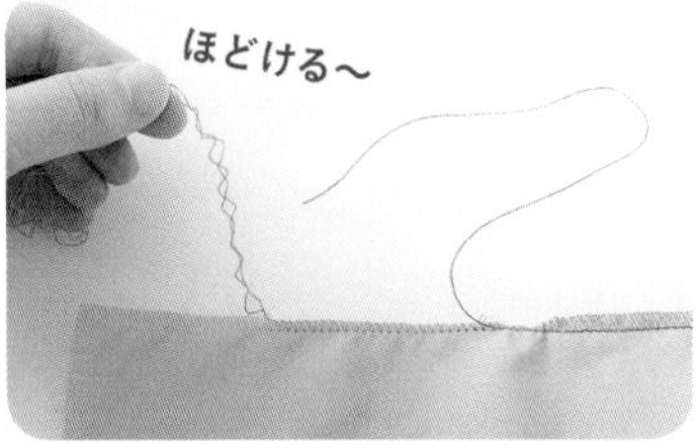

針糸が抜けてしまうと、残りのルーパー糸を止めているものがなくなるので、手で簡単にほどける。

ホロホロと
ほぐれるように
ほどけるよ！

持ってるロックミシンの使い勝手レポ ②

Y　（P.20から続く）そう、じつは私は４本ロックを３台持ってるのよ。
さつき・さく　３台！
Y　１台はさくすけ先生と同じ「衣縫人」。これをいちばん使ってるけど、同じだからここでは省略ね。あとは、糸通しが自動じゃない２台があって……。
さつき　糸かけ、めんどうじゃない？！
Y　それがね、たぶんさつき先生が心折れてたプロラインより新しいせいか、挫折するほどではないの。案内図もちゃんとついているし。１台はJUKIの「MO-114D」で、今も後継機種が販売されている。もう１台はブラザーの古い「ホームロック」。
さく　ホームロック、デザインがおしゃれね。あれ？これは押さえ上げレバーが右なんだ！
Y　そう、ブラザーのロックミシンはそうみたい。ただね、これはメスの操作がめんどうなの。サイドカバーを開けないとできないから、縫ってる最中はしにくいのよ。もう１台も、メス操作はワンタッチとまではいかない。
さつき　なるほど、メスの操作法はチェックポイントかもね。２つともくず受けがスマートじゃない？
Y　そう！　本体にぴったり装着できるの。これは気に入ってる。でさ、じつはカバーステッチミシンも持ってるんだよね……。
さつき・さく　隠し持っていたか！
Y　これは中古で激安だったんだけど、ちゃんと使えてる。カバーステッチではいちばんリーズナブルなジャノメの「トルネィオ」。
さつき　使ってる？
Y　白状すると、あんまり使ってない（笑）。カットソーやTシャツをまとめて縫ったとき、すそ始末をまとめてするくらいかな。
さく　ニットの子ども服とかを量産したい人にはいいのかもしれないけど、ときどき縫うくらいなら、ロックで端かがりして直線ミシンかけたほうが早いって思っちゃう。
Y　それ！　使う頻度は考えて、どこまでそろえるか考えたほうがいいよね。

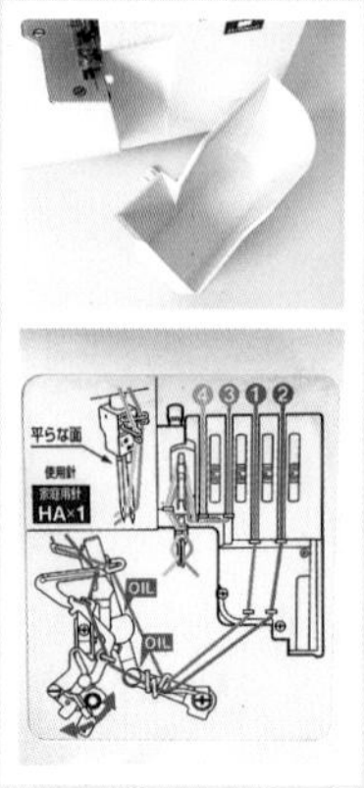

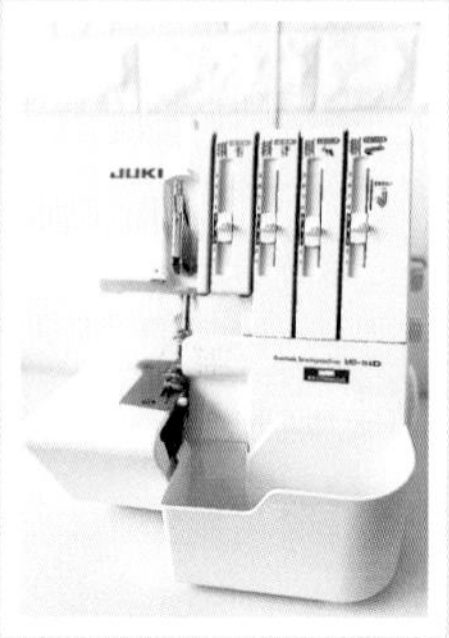

JUKI「MO-114D」。リーズナブルでコンパクトな２本針４本糸タイプとして人気の機種。

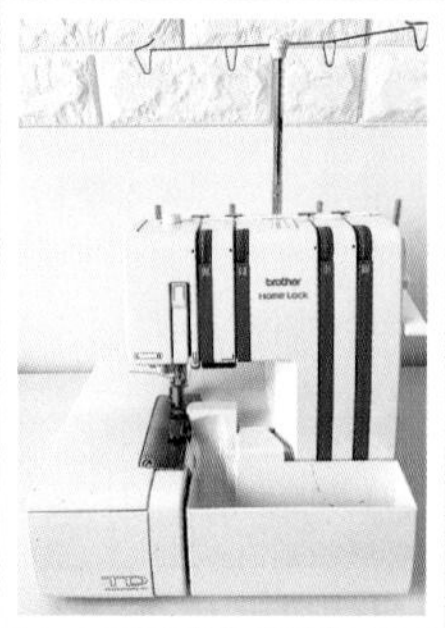

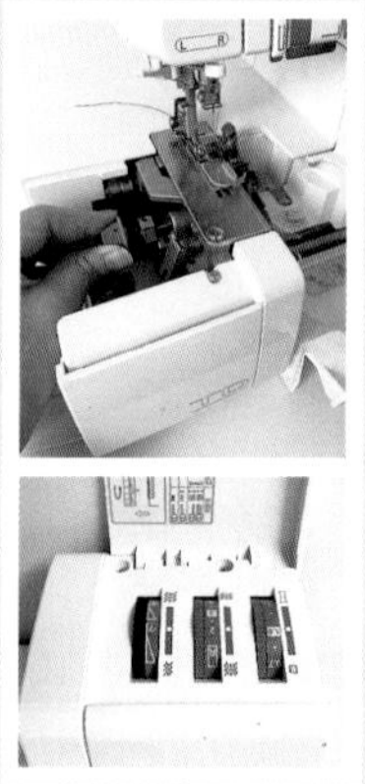

クールなデザインがすてき。どっしりと重みもあり、縫い目もきれいだが、メス操作がめんどう。

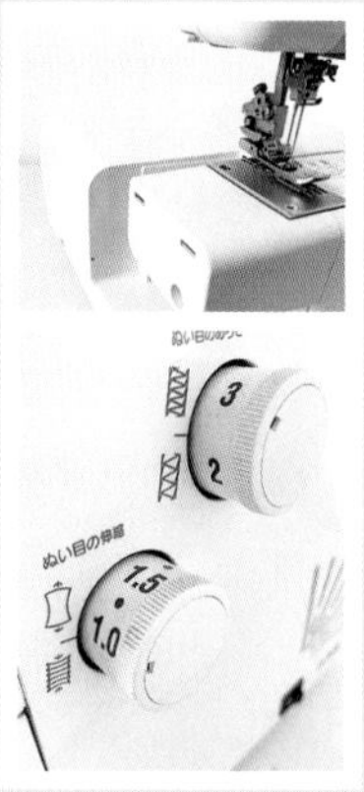

カバーロックミシン「トルネィオ-2　795」。多機能ではないが、リーズナブルな１台。

Part

2

ロックミシンにできること その2

ニット生地の縫い合わせ

ニット生地ってTシャツやトレーナーの素材。
ロックミシンならあれが縫えちゃうんだけど、
「端かがり」の縫い方とどこがどう違うのか、
そこがちょっとわかりにくい……。
このパートではそれがスッキリ整理できます！

Q24 ニット生地の縫い合わせって？

たとえばTシャツがかがりながら縫える！

裁断したあと、縫い合わせたいところをロックミシンで縫えば、端かがりと縫い合わせが同時にできる。２工程が一気にすむので、スピードソーイングが可能。

ロックミシンがニット生地に向いている理由

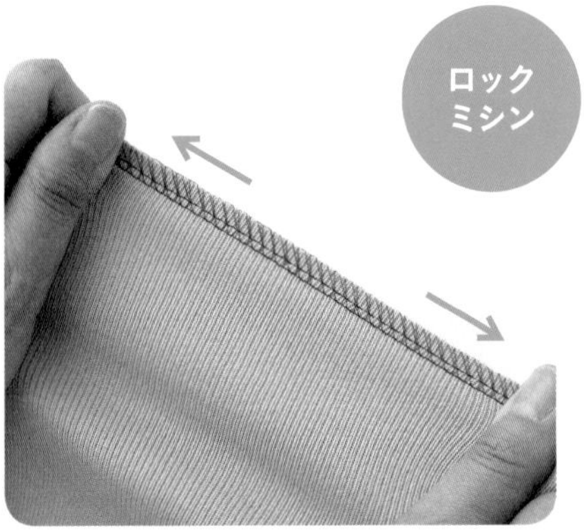

ロックミシンの網目のような縫い目は伸縮性があるため、ニット生地の伸びにも難なく対応。

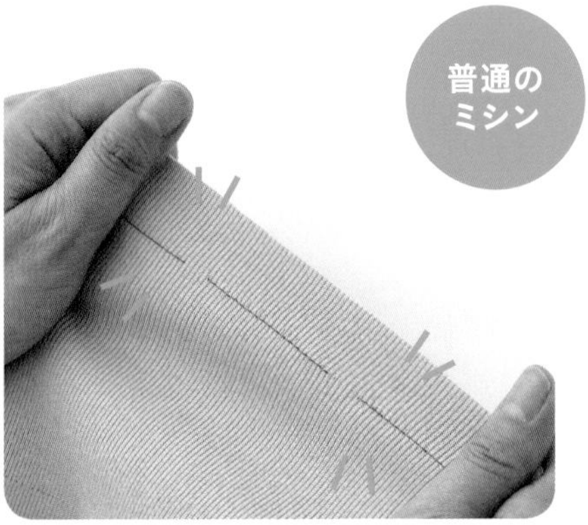

直線縫いで伸縮性のあるニット生地を縫うと糸が伸びについていかず、引っ張ると糸切れが起きる。

伸びる縫い目がニット生地に最適！端かがりしつつ縫いつなぎます

Tシャツやトレーナーなどに使うニット生地。編んで作られているので伸び縮みがし、普通のミシンで縫うのは難しい……。ではどうやって縫われているのかというと、すべてロックミシンなんです。

ロックミシンの縫い目は網目状になっていて、縫い目自体が伸び縮みします。この縫い目がニット生地の伸びについてくるので、ニット生地を縫うのに最適なのです。

さらにロックミシンなら、端かがりをしながら同時に複数の生地を縫いつなげられるのでとってもスピーディー！

ロックミシンがあれば、ニット生地の作品がどんどん作れます。

縫い目が伸びるのが特徴なんだね

Q 25 どのロックミシンでもできるの？

2本針4本糸のミシンで縫うのがおすすめです

端かがりに加えてニット生地のソーイングもやりたいなら、ロックミシンは2本針4本糸タイプを選ぶべき。厳密に言えば、1本針3本糸タイプのロックミシンでも縫えるのですが、縫い合わせの強度が全然違います。

　というのも、生地を縫い合わせる針糸が3本ロックは1本、4本ロックは2本。地縫いの縫い目が1本では、伸縮性のあるニット生地の縫い合わせはいささか不安です。2本だと厚みのある生地もしっかり縫い合わせられるし、動きで引っ張られても安心です。

2本針4本糸タイプで縫えばしっかり安定した仕上がり

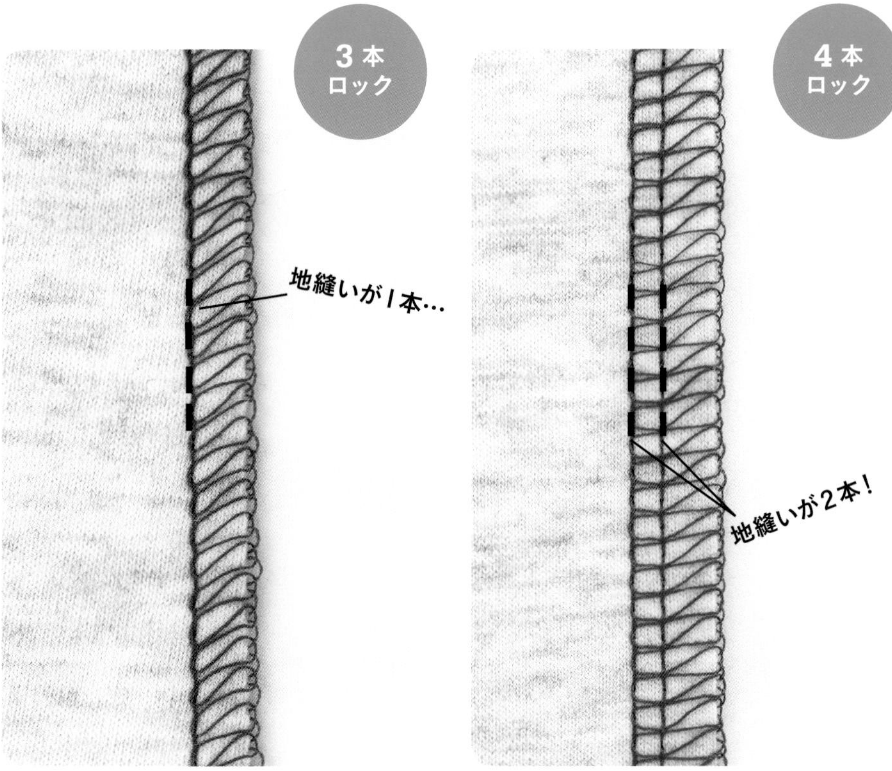

3本ロック
地縫いが1本…
4本ロック
地縫いが2本！

生地を縫い合わせているのは左側に見えている針糸。3本ロックは針糸が1本だが、4本ロックは倍の2本。つまり、4本ロックなら平行する2本の縫い目でしっかり縫い合わせられ、縫い目の幅も広くて安定する。

強度も違ってくるよね

なるほど、
2本縫ってあると安心

Q 26

糸や針は端かがりと同じ?

針

ニット生地の場合は必ずニット専用針を!

「家庭用」を選ぶ、生地に合わせて太さを変える、これは端かがりのときと同じ(Q9参照)。違うのは、必ずニット専用針を使うところ。ミシン針はアルファベットと数字の組み合わせで種類が決まっているので、同じ記号のものを買えば確実。

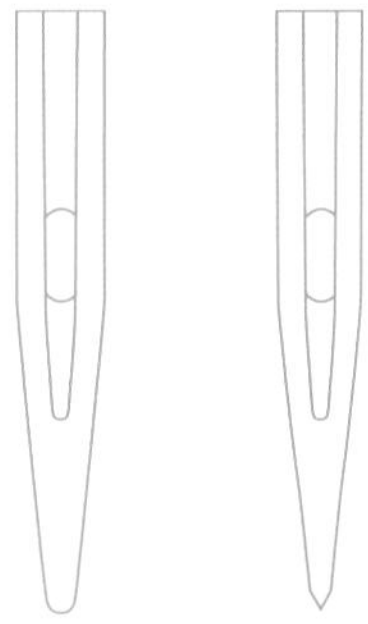

ニット用　　**通常**

ニット用の針は先端形状がボール状になっていて、糸をよけながら縫うことができるので、地糸切れが起きにくい。

家庭用ミシン針
ニット用
HA×1SP
クローム

右と形状は同じだが、針の表面にクロームメッキがされていて針の強度がアップ。目飛び防止にも。

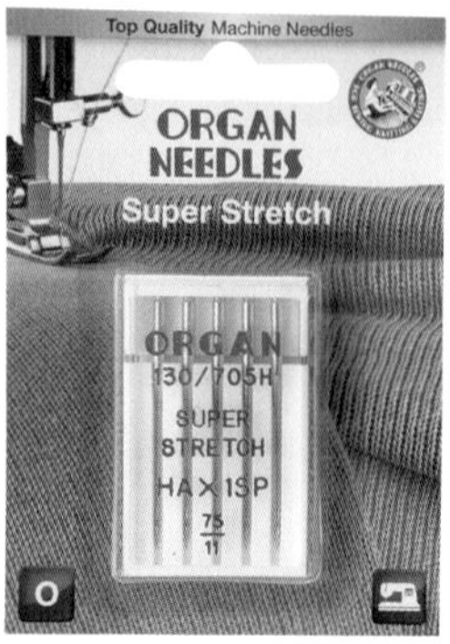

家庭用ミシン針
ストレッチ生地用
HA×1SP

ニット生地やストレッチ生地用の針。生地の厚さに合わせて太さを選ぶと快適な縫い心地に。

糸

針糸とルーパー糸を使い分けるとお得

端かがりは3本すべて90番でしたが、ニット生地の縫い合わせでは針糸とルーパー糸は太さを分けるのがおすすめ。縫い合わせる針糸は強度のある60番、消費量の多いルーパー糸は90番で。4本すべて同じ糸をそろえなくてもかまいません。

ニット
ソーイング用
ミシン糸(60番)

ロックミシン用の60番の糸。美しい色出しで62色そろっている。針糸にもルーパー糸にも使える。

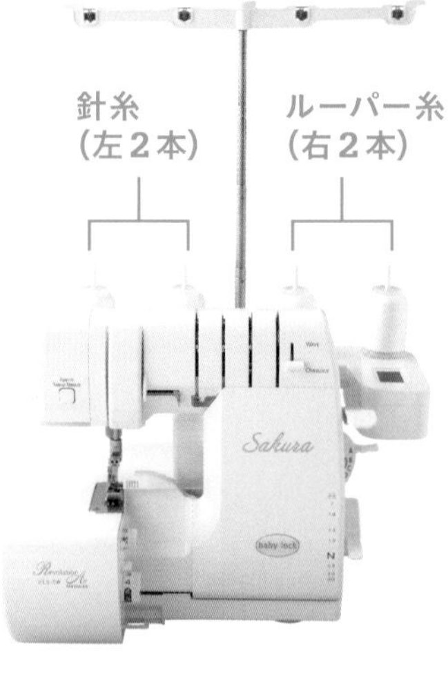

2本ずつ糸の
太さを変えると
いいのね

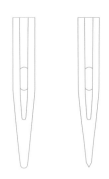

押さえ

標準押さえとバルキー押さえをケースによって使い分けて

差動つきのロックミシンのほとんどには、標準押さえとバルキー押さえが標準装備されています。特に伸びやすい生地では、バルキー押さえが適する場合も。また、差動を使って強く縮み縫いをしたい場合やウーリースピンテープを縫い込むときにも使います（Q36 参照）。交換はワンタッチ。ただし、厚い部分を縫う際は縫い詰まる場合があるので注意して。

01

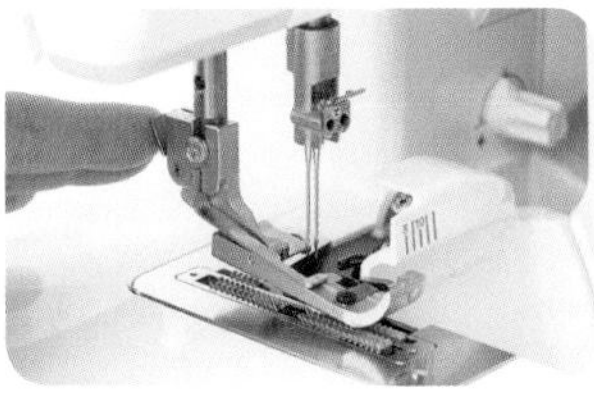

標準押さえを外す。押さえ上げレバーを上げ、押さえ後ろのフックを押すと外れる。

02

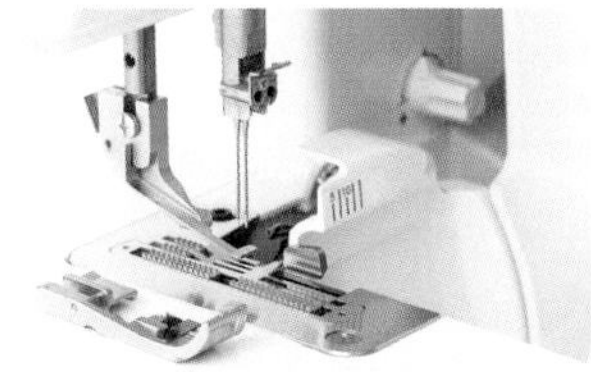

バルキー押さえを準備。この押さえは現行の差動つきロックミシンのほとんどについている。

03

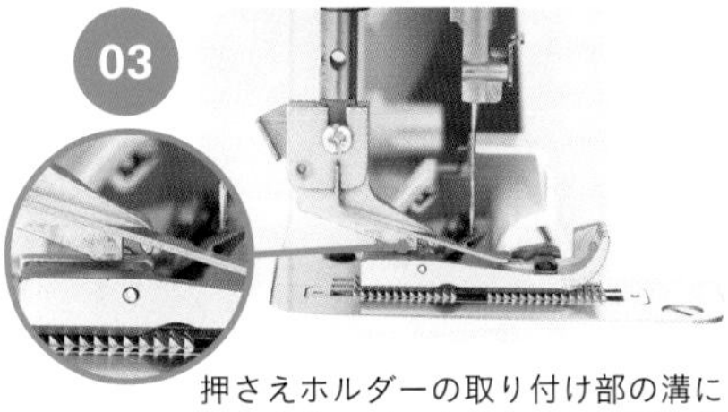

押さえホルダーの取り付け部の溝に押さえ金のピンを合わせて、押さえ上げレバーを下げる。

04

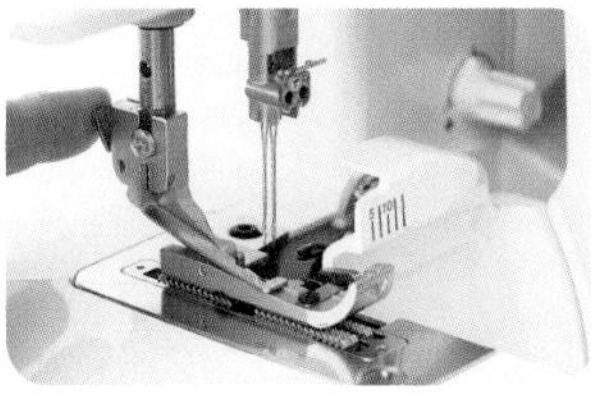

もう一度、後ろのフックを押すと溝にピンがはまる。カチャッと音がしたら確実にはまった合図。

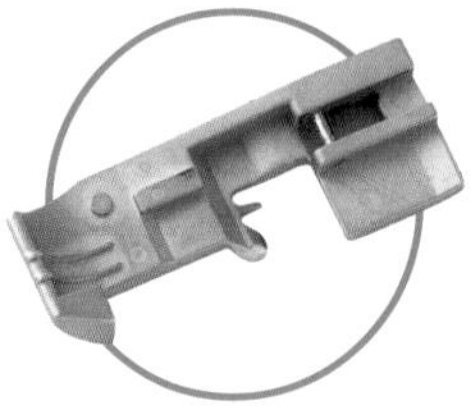

標準押さえ

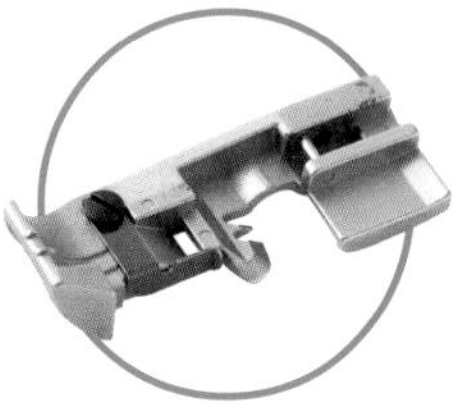

バルキー押さえ

ワンタッチで
思ったより簡単！

Q 針糸にニット専用糸を使う必要はないの？

ミシン糸にはニット専用糸があるせいか、「ロックミシンでもそれを使う」と誤解している人もいるよう。直線縫いでは使ったほうがいいけれど（Q32 参照）、ロックミシンではその必要はなし。縫い目自体が伸縮するので、糸が伸縮しなくても大丈夫です。かえって糸調子が狂ってしまうので、避けて。

ハイスパンロック（90番）

縫い合わせ時のルーパー糸に最適。快適な縫い調子と美しい縫い上がりに定評がある。色数も 80 色と豊富にそろう。

安価なロック用糸（90番）

安価な糸はひとつ 200 円弱だが、品質は劣る場合がある。安価な糸がすべて劣悪ということではないが糸の質が悪いと、縫い目に影響が出ることもあるので見極めが必要。

Q 27

どうやって縫い合わせるの？

縫いたい生地を重ね、かがり縫いするだけで縫い合わせが完成

３本ロックであろうと４本ロックであろうと、基本的な縫い方は同じ。ただ、生地を縫い合わせるときは、生地を中表に重ねて縫うことになります。

この重ねた生地がずれないよう送り込むのがポイント。また、切り落とす幅が端かがりのときとは変わりますが、これはあとで詳しく解説します（Q30 参照）。まずは、あまり伸びないニット生地で試し縫いをしてみましょう。

かがり幅 7.5mm
送り目 2.5mm
差動なし

２枚重ねて
縫えばいいだけ

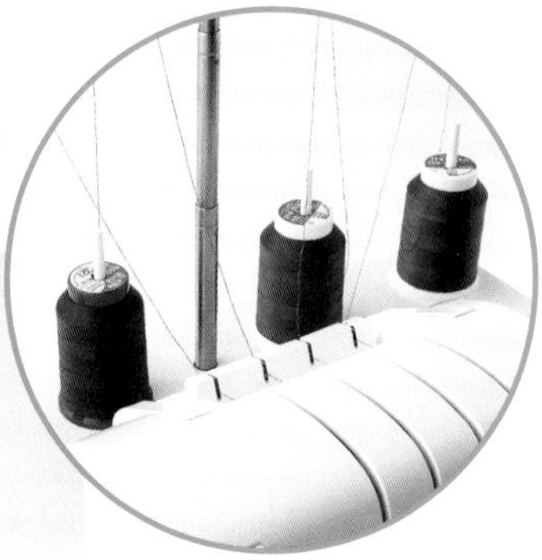

糸は 60番と 90番

01 糸をセットする

使う機種の取扱説明書の指示通りに糸をかける。使う糸は針糸２本は 60 番、上下ルーパー糸は 90 番の合計４本かける。自動糸調子の機種は縫い目を４本ロックに設定する。

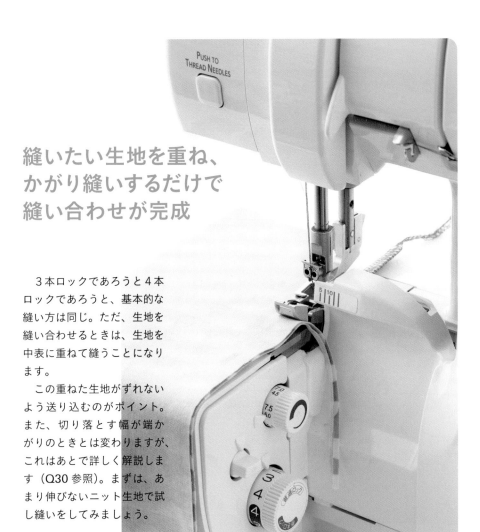

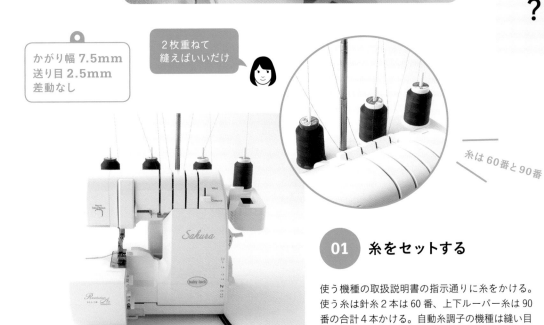

02

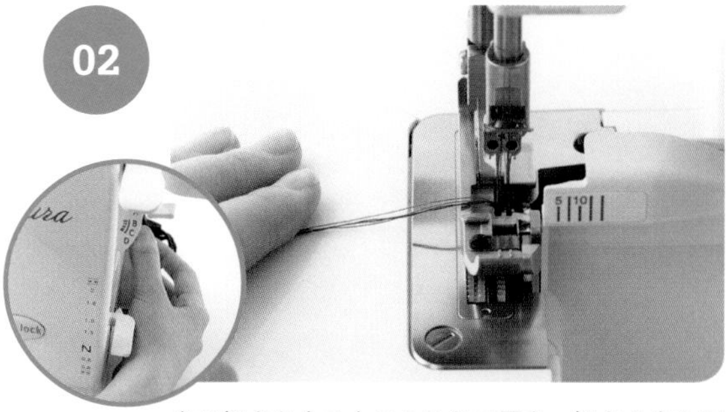

糸は押さえ金の上にそろえて置き、押さえ金を下ろして手でプーリーを回し（写真左）、2～3目縫う。糸を左手で押さえると確実に糸がからむ。

03

フットコントローラーを踏んでスタート。まずは空縫いして縫い目（空環）を出す。最低でも10cm以上は出しておく。

04

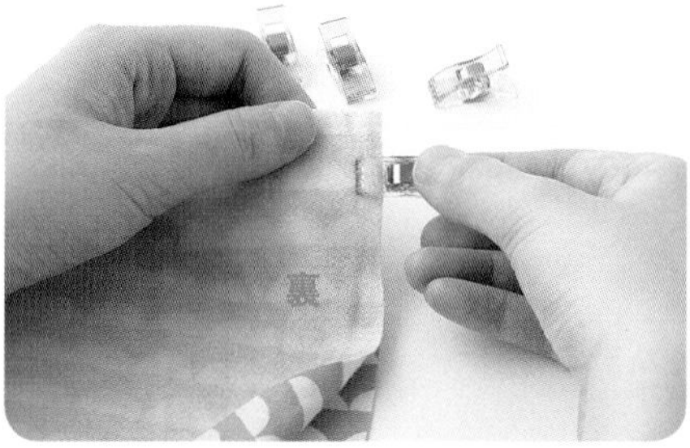

縫い合わせたい生地の表どうしを合わせ（中表）、生地端をそろえて10～15cm間隔でクリップで止める。

05

押さえ金を上げ、生地を2枚一緒にメスにあたるまで滑り込ませる。生地端はメスの右端にそろえる。切り落とし幅についてはQ30参照。

06

フットコントローラーを踏み込み、生地を切り落としながら縫う。手は添える程度で、生地がまっすぐ送られるようにガイドする。

07

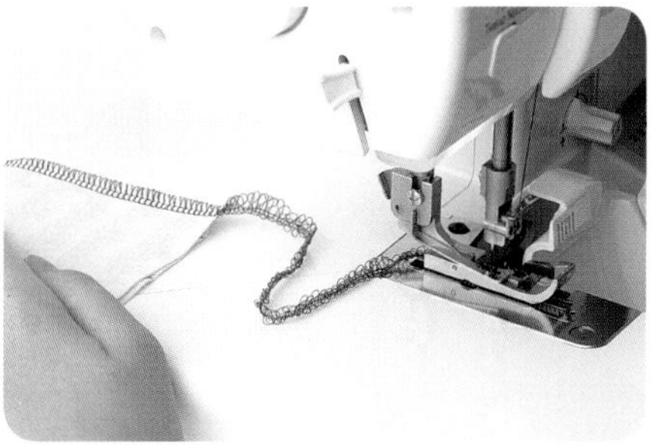

最後は空環を続けて10～20cm出し、カットする。

完成！

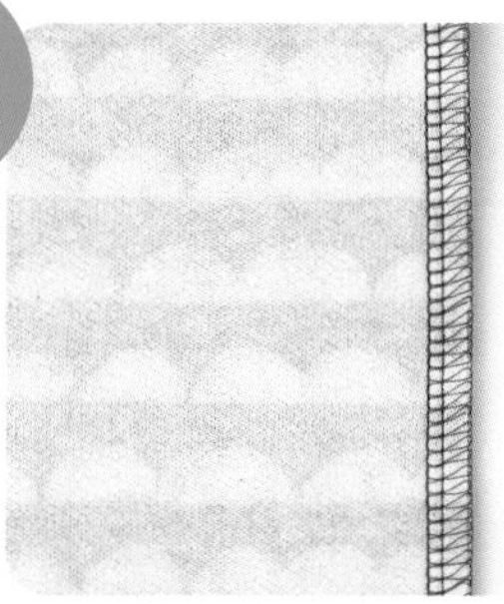

表から見ると…

縫い合わせたニット生地を縫い目で広げ、表側から見たところ。真ん中で、2枚の生地が縫い合わせられているのがよくわかる。縫い目が伸びるようなら差動で調整する（Q34参照）。

Q 28 かがり幅と送り目の設定は？

難しいことを考えず、ほぼこの設定でOK！

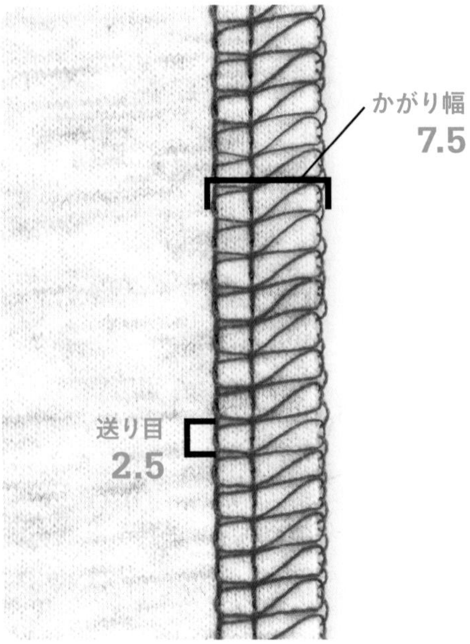

（単位はmm）

　ニット生地の縫い合わせの場合は、端かがりよりラク。どんな場合も、かがり幅は最大の7.5㎜、送り目は標準の2.5㎜で、いちいち変える必要はありません。

　2枚の生地を縫い合わせること、生地に伸縮性があることを考えると、かがり幅は広めのほうが安心だからです。

かがり幅は生地の厚さで変えても

（単位はmm）

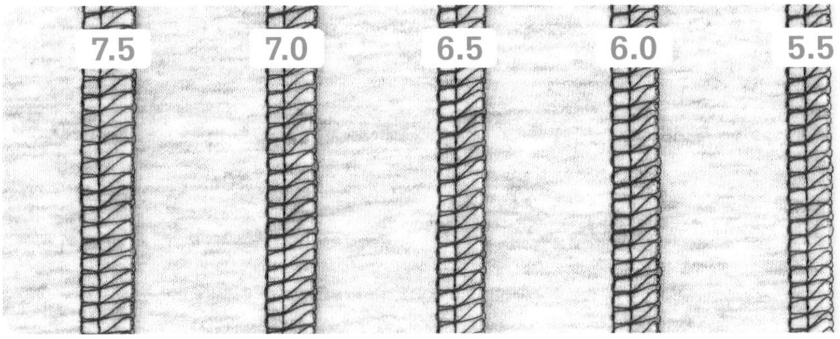

4本ロックは5.5㎜から。子ども服で肌あたりを気にしたり、薄い素材で縫い代をとりたい場合は細めに。

送り目はほつれやすい生地は小さく

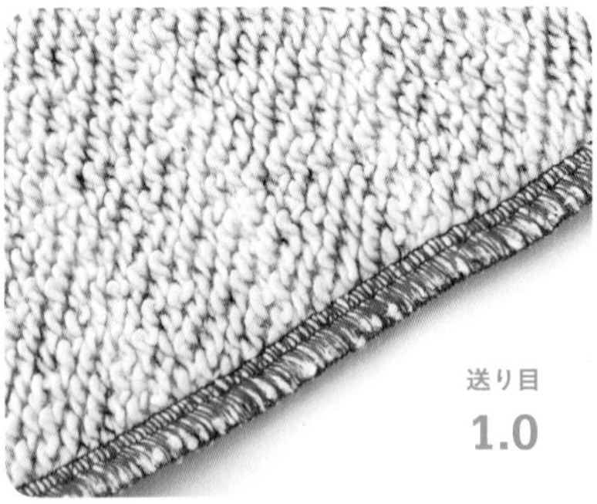

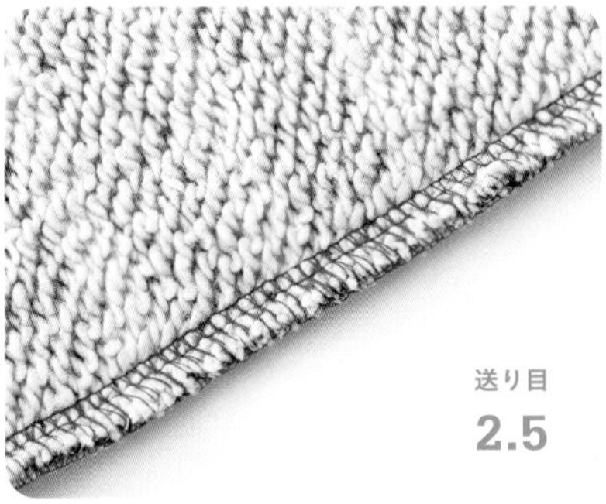

（単位はmm）

送り目は2.5㎜でほとんどカバーできますが、裏毛などのほつれやすい生地はちょっと調整が必要。細かく設定したところ、ごらんのように生地が飛び出してこず、きれいな仕上がりに。

Q 29 きれいな縫い目、糸調子って？

これが正しい縫い目！

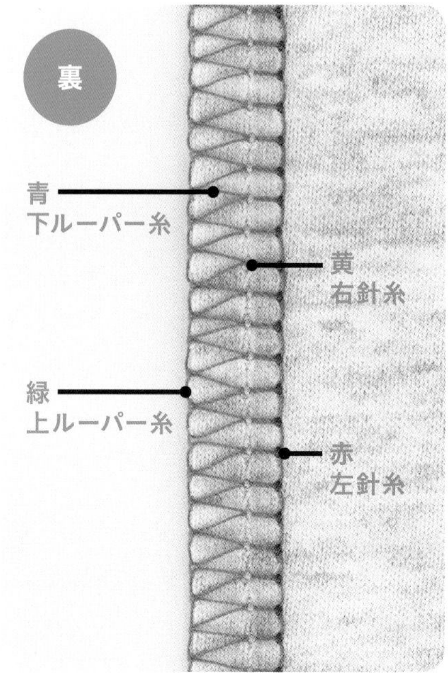

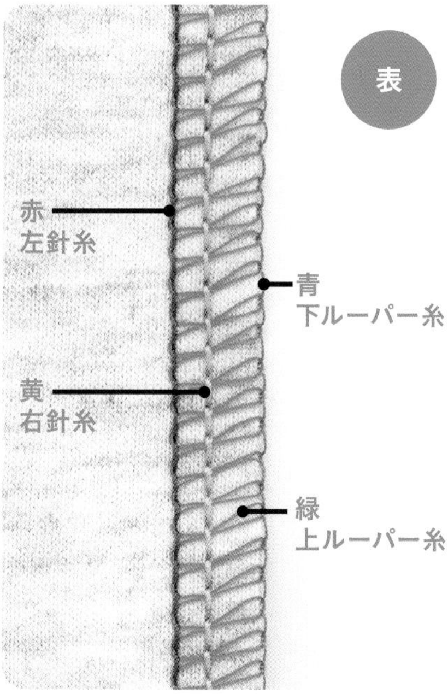

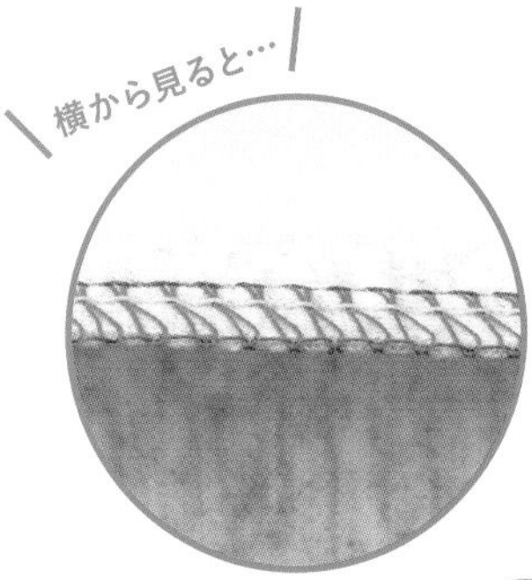

糸が４本の場合も、糸調子のチェックの仕方は同じ。針糸からチェックし、次に上下のルーパー糸へ。必ず表裏を確認してください。縫い合わせた生地端を側面から見て、ちょうど真ん中で上ルーパー糸と下ルーパー糸が交わっているのが正しい縫い目です。厚みのある生地を縫ったときほど、ここをしっかりチェックしましょう。

横からチェックするのも忘れないで！

NGな縫い目

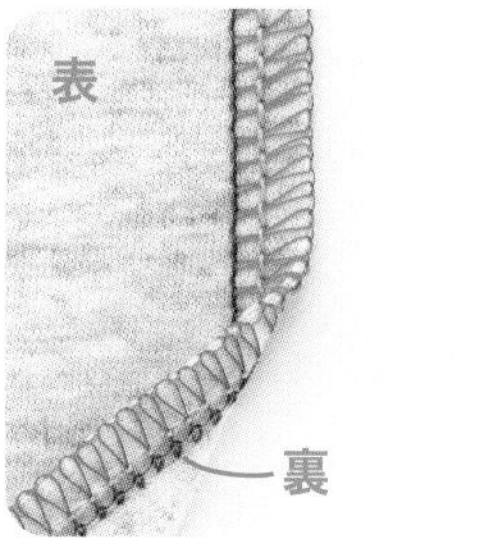

左の針糸の縫い目がゆるい

左側の針目がゆるく、裏を見るとループ状になって浮いている状態。これは針糸を強くなるように調節する。

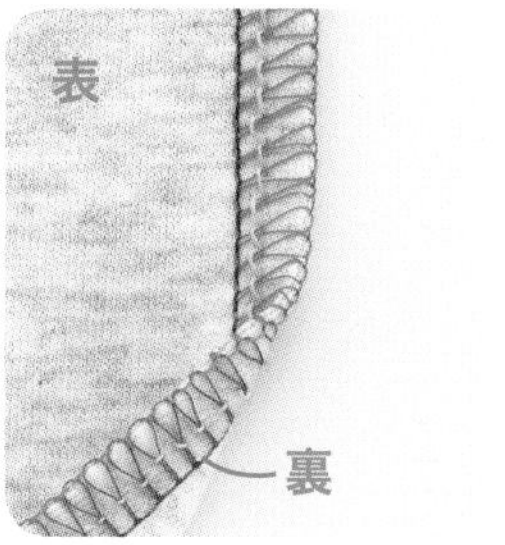

右の針糸の縫い目がゆるい

右側の針目がゆるく、裏を見るとループ状になって浮いている状態。これは針糸を強くなるように調節する。

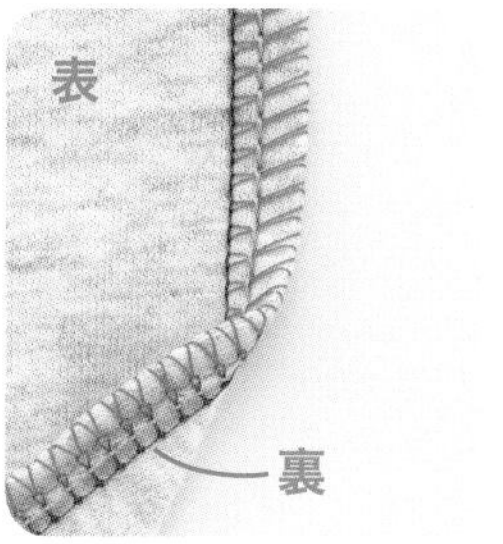

表の糸（上ルーパー糸）が裏に出る

裏を見ると表側の糸が引っ張られて巻き込んでいる状態。これは上ルーパー糸が弱いということなので、強くなるように調節。

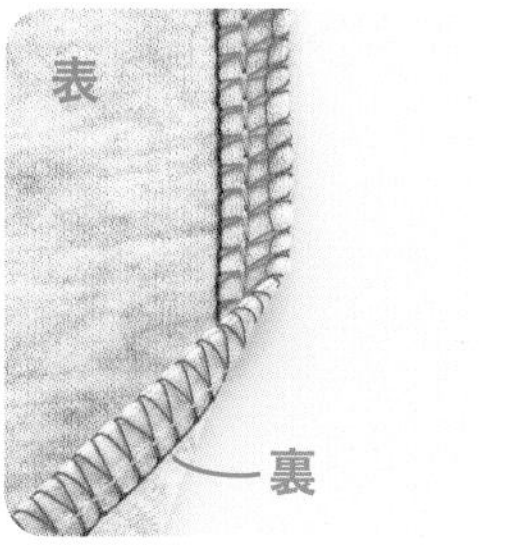

裏の糸（下ルーパー糸）が表に出る

裏側の糸が生地端を越えて表に出てしまっている状態。これは下ルーパー糸が弱いということなので、強くなるように調節。

Q30

どのくらい切り落としながら縫うの？

かがり幅 7.5mm ＋ 切り落とし幅 2.5mm ＝ 縫い代 1cm

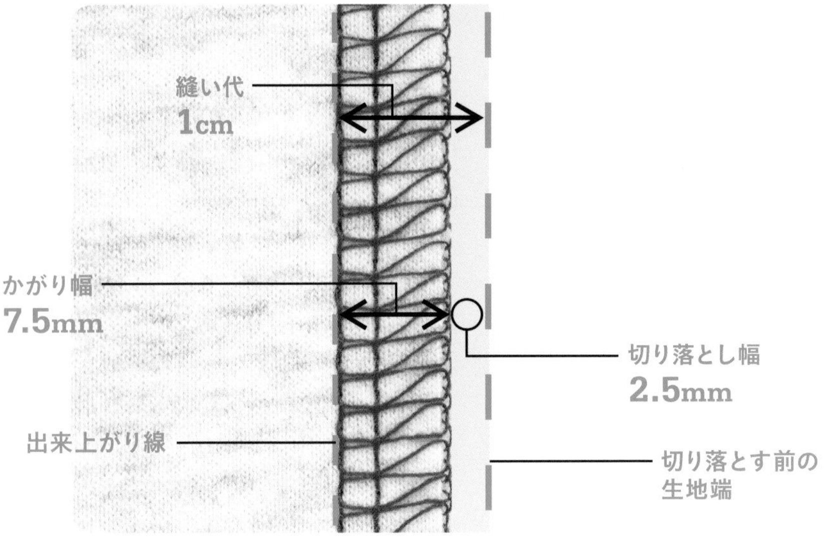

メスの厚みが2.5mm。その分だけ切り落とす

メスの右端に生地を合わせて送れば、メスの厚み分切り落としながら縫える。５mm以上切りたい場合は、メスカバーのガイドが役立つ。

ニット生地を縫うときは2.5mm。これがベスト！

端かがりのときは生地のほつれた部分だけを切り落とせばいいのですが、ニット生地を縫い合わせるときは、2.5mm切るのが原則。これには、ニットアイテムの型紙の縫い代が深く関係しています。

ニットアイテムの型紙はほとんどが縫い代1cm。ロックミシンで縫う場合、かがり幅7.5mmで縫うと2.5mm余りますよね。この分を切り落としながら縫うと、計算上ちょうどいいというわけ。

そして2.5mmはメスの厚みとちょうど同じ。だから、メスの右端に生地端を合わせて縫い進めれば、ちょうど2.5mm切り落とすことになります。とはいえ、ニットは伸びるので多少切りすぎても影響はなし。気ラクに楽しみましょう。

ニット服の型紙は縫い代1cmだからちょうどいいのね！

Q 31 ニット生地の種類が多くて…

まず覚えたいのはこの6種類。初心者は伸びにくいものを選んで

ポンチ

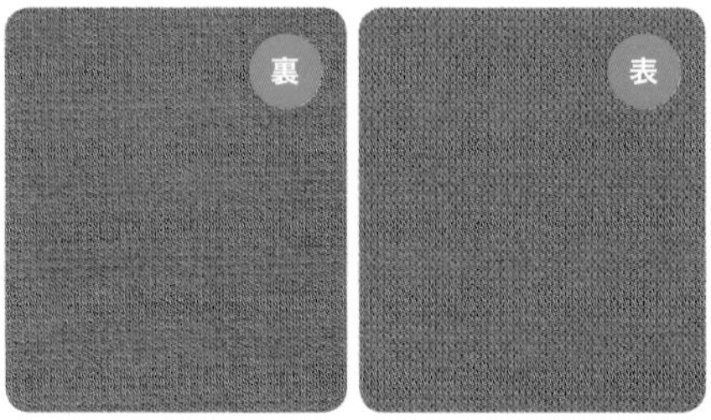

両面編みのなめらかなニット生地。伸びは少なく、適度なハリもあるので体のラインを拾いにくい。シワにもなりにくく、丸まらないので縫いやすさ抜群。

天竺

メリヤス編みといわれる編み方。Tシャツにも多く使われ、生地としても多く販売されているが、端が丸まりやすく初心者にはやや扱いにくい面も。

裏毛

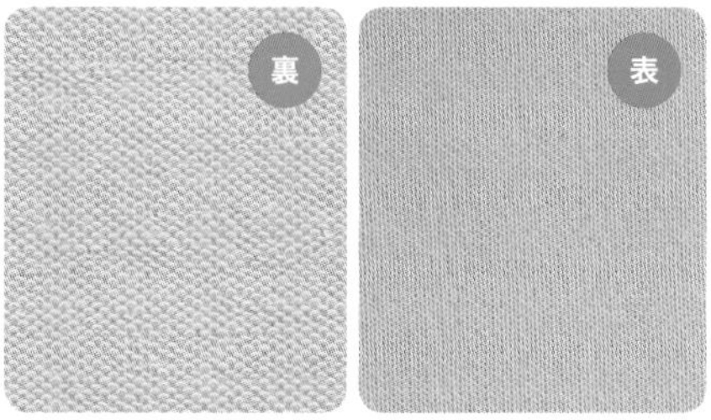

いわゆるトレーナーの生地。裏面がループ状に編まれているのが特徴。厚手から薄手まであるが、厚手のものは保温性も高い。天竺同様、丸まりやすい。

フライス

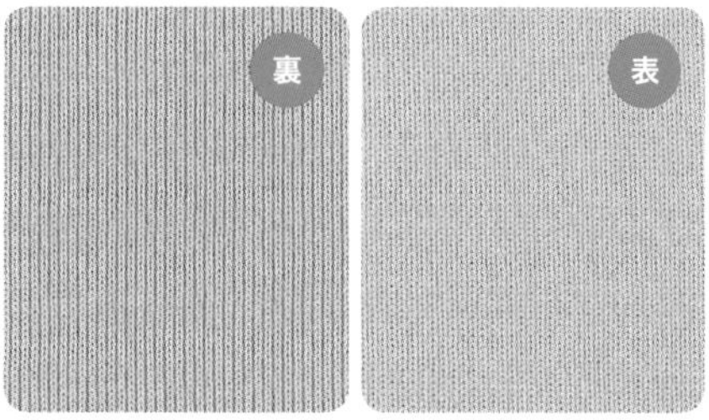

表裏を交互に編んだ1目ゴム編みの生地。横方向の伸び方が強いので注意。伸縮性があるので、その特性を生かしてレギンスなどに。さほど丸まらない。

スパンテレコ

2目ずつ交互に編んだリブ生地で、スパン糸（ゴム糸）が織り込まれているため伸び、戻りが強い。パーカーやトレーナーのすそや袖口、レギンスなどに。

スムース

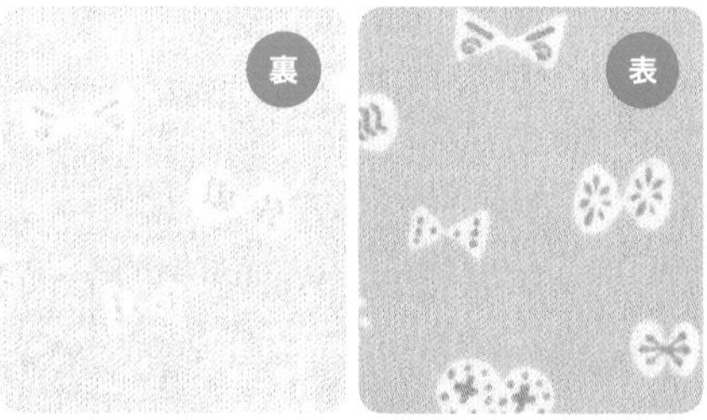

両面編みの生地で、表面がなめらかで肌ざわりがよいのが特徴。ベビー服によく使われる。適度な伸びがあるが丸まりにくく、初心者向き。

フライスやポンチが丸まりにくいよね

Q 端が丸まる生地はどうする？

丸まったままだと縫い合わせにくいので、生地端裏側に伸び止めテープをアイロンで接着。これで落ち着きます。15mm幅のストレッチ素材用がおすすめ。裁断したらすぐ貼るのがコツです。

Q32 普通のミシンって必要ないの？

いいえ、使います。ポケットやすそなどは直線ミシンの出番

ロックミシンでニット生地の縫い合わせができるといっても、すべての部分が縫えるわけではないのです。

たとえばパッチポケットを縫いつけるのは直線縫いです。Tシャツなどのすそや袖の始末も、ロックミシンで端かがりまではできても、折り上げて縫いつけるのは直線縫いで、これはロックミシンではできません（カバーステッチミシンがあれば可能。Q47参照）。

1台ですべて完了とはいかないのです。

ポケット

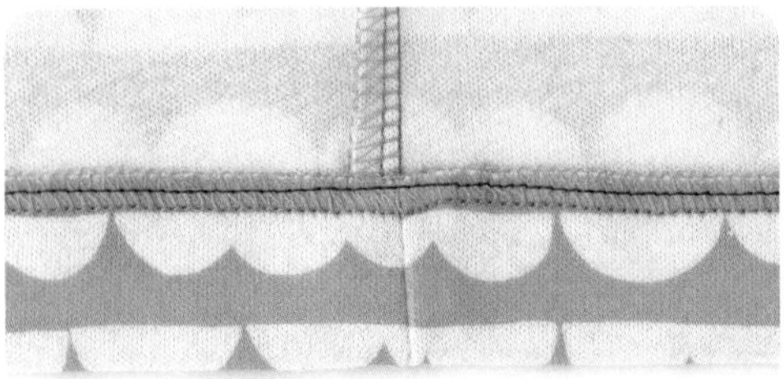

すそ上げ

普通のミシンでニット生地を直線縫いする場合はニット専用糸（レジロンなど）を使用。針もニット用に替えるとベスト。

Q33 まち針を使っちゃダメですか？

できるだけ避けて。メスで切ったら後悔することに…

縫い合わせるとき、生地を止めるのに使っているのはクリップ（Q27-04参照）。まち針でもいいよね？と思われそうですが、ここはNOと言わせてください。

というのも、外し忘れて縫い進めると、まち針はメスでスパッと簡単に切り落とされてしまいます。まち針1本くらいはいいとしても、この1回でメスがダメになってしまうんです！　あとで後悔しないためにも、日頃からクリップを使う習慣を。

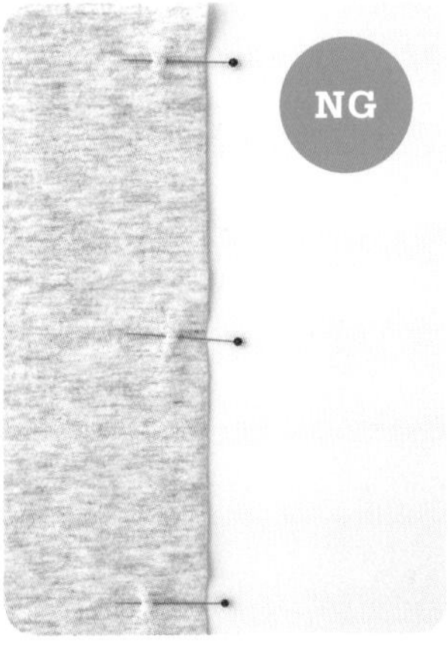

クリップは100円グッズを利用しても！

Q 34

縫ったら伸びちゃったんですが…

差動の「縮める」が活躍！

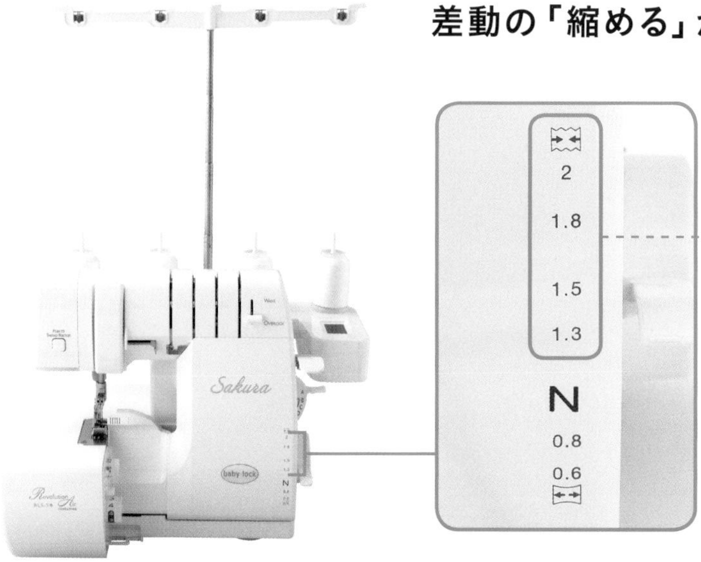

ニット生地で使うのは、ほとんどが縮み縫い。数段階の中で、数字が小さい順（縮み率が小さい順）に試してちょうどいい設定を探して。

フライス生地を縫ってみたら…

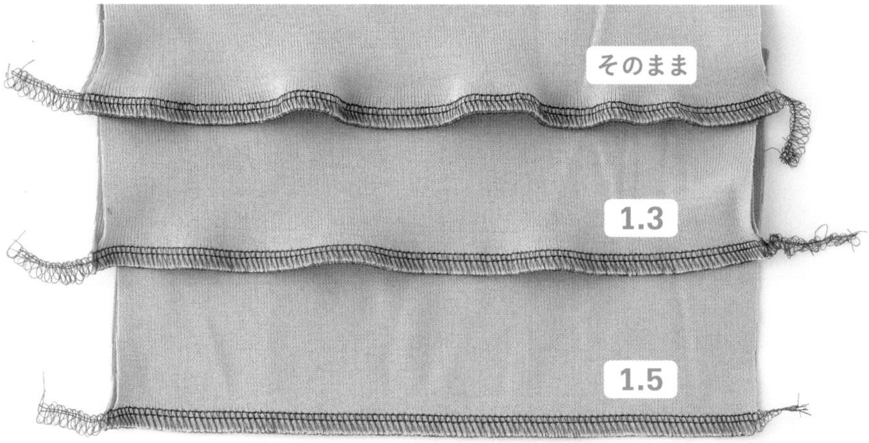

差動の「縮める」がお役立ち。試し縫いをしながら調節していきます

2段階縮めて
ちょうどいい感じね

縦横で伸び方も
違うから
試し縫いは大事

ニット生地の場合は、縫って縮むことはなくても、伸びてしまうことは多々あります。天竺やフライスなどで、さらに地の目が横地だと、波打ってビロビロに……。

こうなったら、差動機能の縮み縫いを使います。ハギレを使って試し縫いをしながら徐々に段階を上げ、波打ちや伸びがおさまったら本縫いへ。ちなみに上の写真では1.5がベストな設定でした。気をつけたいのは、同じ生地でも横地、縦地で伸び方が違うということ。それぞれで試し縫いをし、適正の設定を見つけてください。

Q 35

リブをきれいにつけるには？

ポイントは2つ。差動を使うことと縫い始めに直線でつなげること

ニット生地のソーイングでよく出てくるリブづけ。「リブ」はゴム編みの生地のことで、トレーナーやＴシャツの衿や袖口、すそなどに使われます

基本的には輪の縫い方（Q21参照）と同じですが、寸法の違う生地を縫い合わせるという点で、ちょっとテクニックが必要。リブを引っ張らずとも、差動を使ってきれいにつける方法、そして縫い終わりが斜めにならないコツも紹介します。

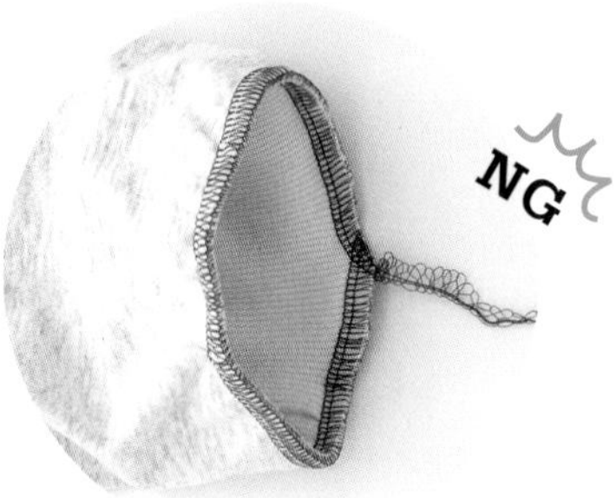

あー、こうなりがち！
仕上がりが残念…

01

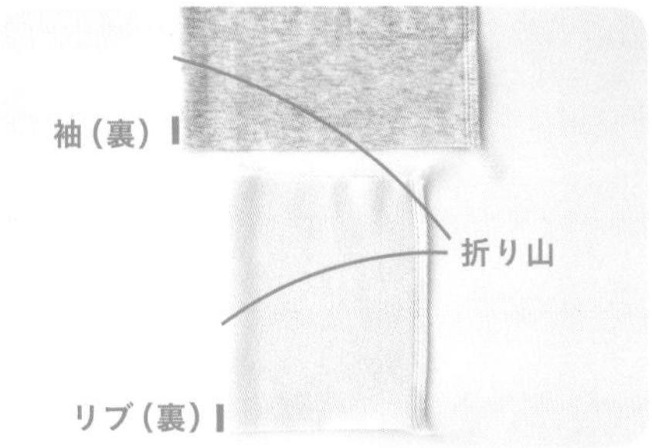

袖のリブづけで説明する。袖とリブを型紙通りに裁断し、印をつける。ここでは袖とリブの幅のそれぞれ中心に印をつけることにする。

02

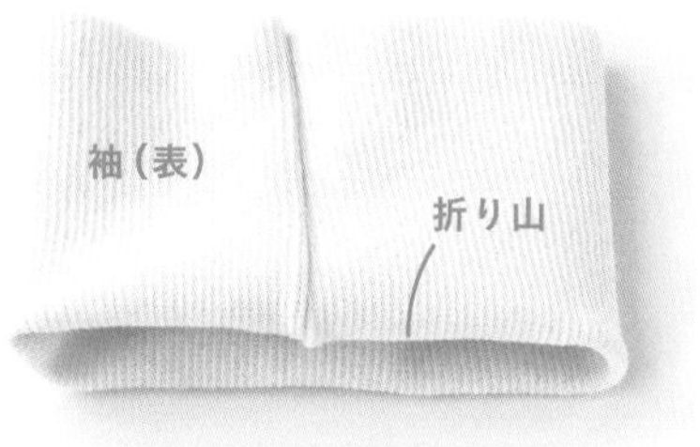

リブは中表に折った状態で端を縫い合わせ、長さを半分に折っておく。袖は袖下を中表にして縫い合わせ、筒状にする。

03

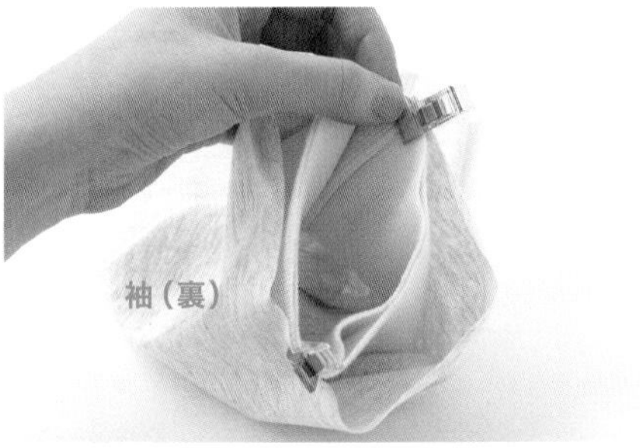

袖は裏返しの状態のまま、袖口から02のリブを折り山を下向きにして入れる。縫い目どうし、合印どうしを合わせ、クリップで止める。

04

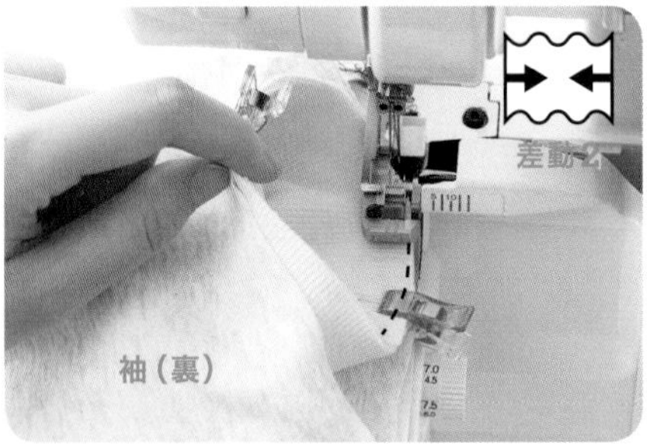

差動を２に設定し、リブの表側から３枚の生地を一緒に縫う。リブの縫い目１～２㎝奥から斜めに縫い始め（点線）、切り落とし幅が2.5㎜になったらまっすぐ縫い進める。

05

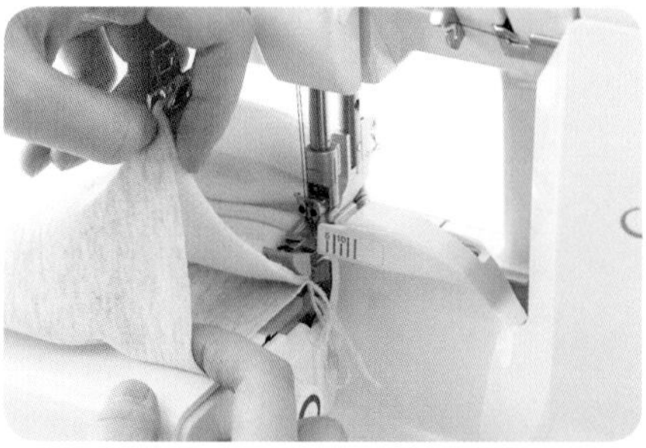

重ねた３枚の生地端がずれないように縫い進める。差動によって袖の生地がどんどん送られるので、リブを引っ張らなくても差寸が縮まってくる。

06

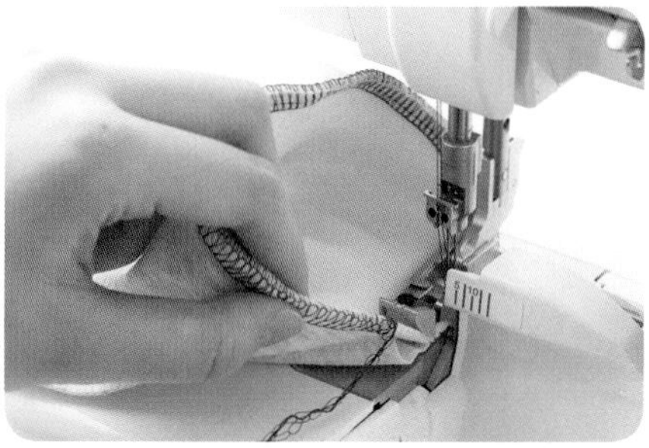

ぐるりと一周縫う。最後は生地が折り込まれたりせず、寸法がぴったり合うようにリブを引っ張り気味にしながら調整する。

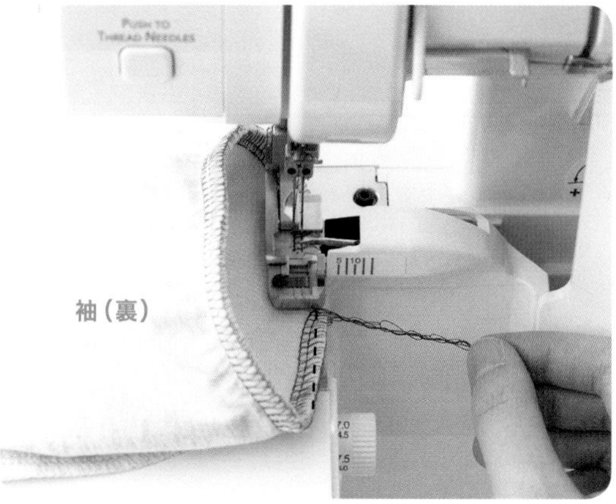

07

斜めに縫い始めたところの縫い目と空環を切り落としながら、2.5㎜切り落とし始めた位置（まっすぐ縫い始めた位置）につなげる（点線）。

08

まっすぐつながったらメスをロック（解除）する。

09

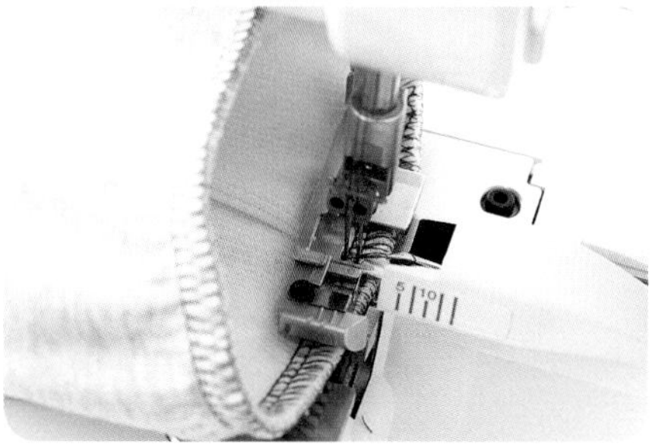

少し重ねて縫って止める。この位置がリブの縫い目だとベストだが、慣れないうちは縫い終わりの位置よりも、まっすぐつなげることが大切。

10

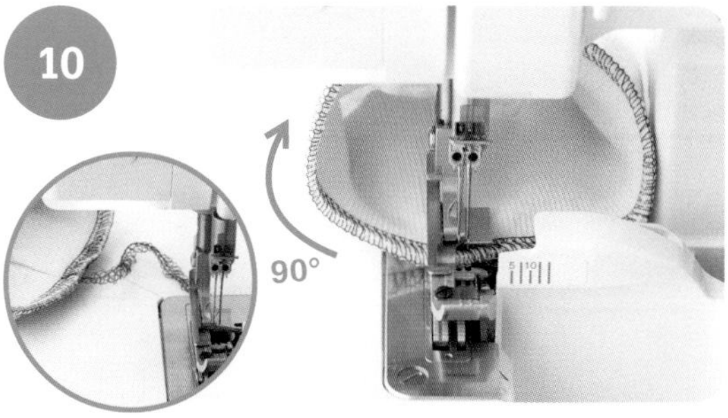

針と押さえ金を上げ、生地を後ろに90°回転させて、プーリーを手で回して１～２目縫う。その後、空環を10～20cm出し、カットして終了。

完成

凸凹もなく、まっすぐつながっているのがわかる。差動を使っているので、リブの縮み具合も均等。表側から見てもきれいな仕上がり。

Q 36 ウーリースピンテープってどう使う？

トップスの肩に縫い込み、型崩れ防止に！

一時期、マスクのゴムが手に入らなくなったときに注目を浴びたウーリースピンテープ。もともとはニット生地を縫い合わせるとき、一緒に縫い込んで伸び止めと型崩れの役目を果たすものです。ロックミシンがあれば、ハンドメイドでもこれが可能。

Tシャツやカットソーの肩に縫い込んで使ってみましょう。

白、黒、グレーなどの基本色が多い。生地に合わせて目立たない色を選んで。

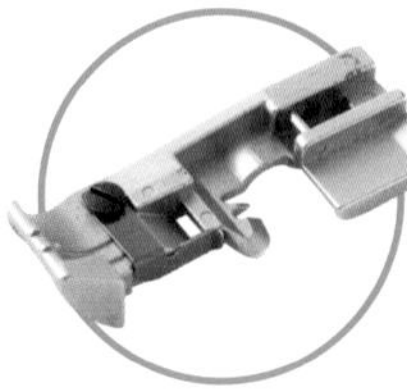

標準でセットされているバルキー押さえがあれば、縫いながらつけられる。

バルキー押さえを使えば簡単！

01

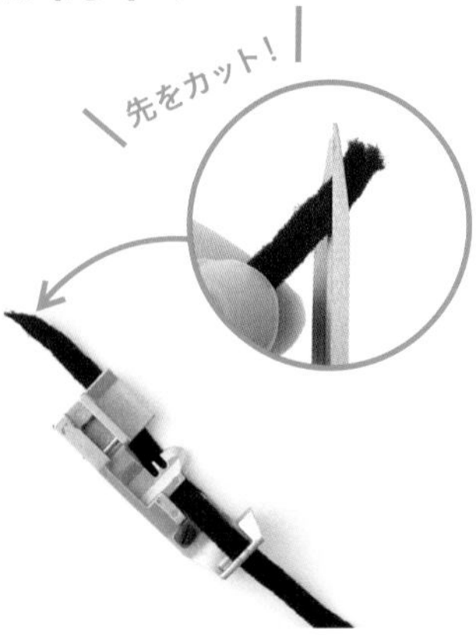

ウーリースピンテープをバルキー押さえの穴に通し、セットする。テープの先端を斜めに切ると通しやすい。

02

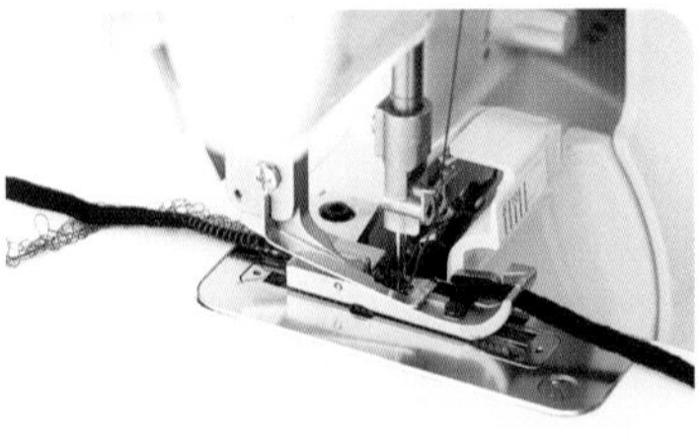

バルキー押さえをセットし（Q26 参照）、通常と同じように空環を出す。テープの上に縫い目ができていればＯＫ。

03

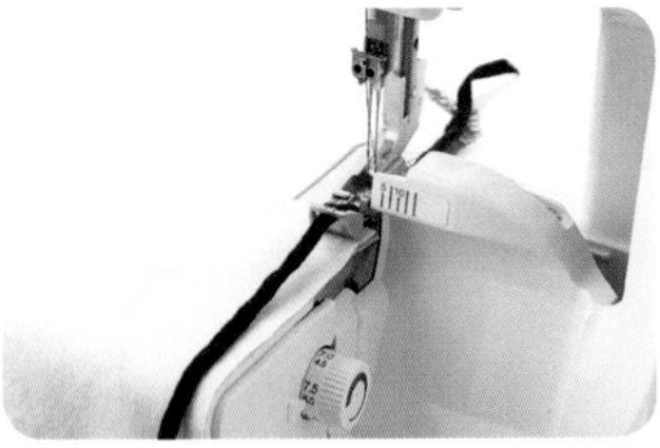

前後身頃を中表に合わせたら、前身頃をを上にして肩を縫い合わせる。テープがねじれずに送られるか注意しながら縫う。

04

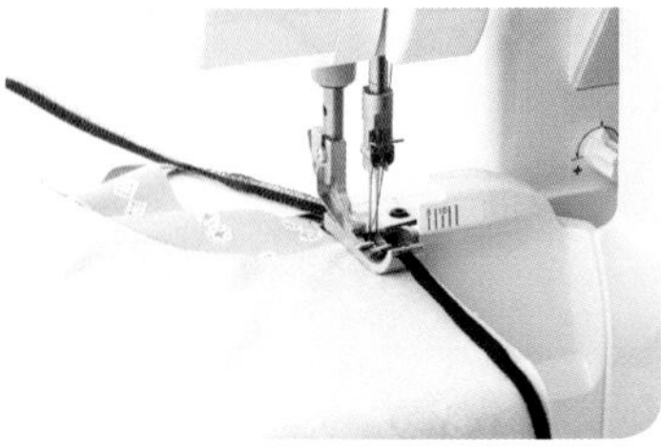

右肩を縫い終わったら、続けて左肩も縫う。両肩続けて縫い合わせるとテープを使う量が少なくてすむ。

05

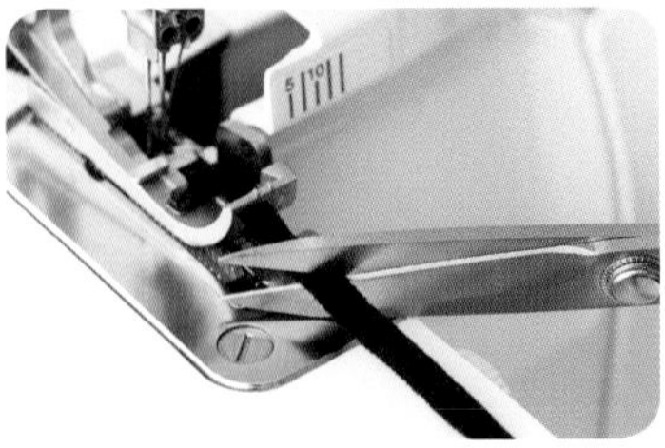

縫い終わったらテープをカットする。両肩の間のテープも切り離す。

縫えば自動的につけられるから簡単！

Q 37

縫い代が重なってつらいです…

互い違いで解決。これでスムーズかつスッキリ！

ロックミシンでニット生地を縫い合わせると、縫い代は2枚一緒になって厚くなります。この縫い代がいくつか重なってしまうと、縫うときに生地がスムーズに送れなくなったり、縫い目が曲がってしまったり……。ゴロつきが表にひびくこともあります。

　これを避けるには、重なる縫い代を互い違いに倒すことです。原則は、表目を見えるように倒しますが、重なる部分だけは互い違いを優先にしてOK。これだけで縫いやすくなり、スッキリ仕上がります。

袖下の重なりは…

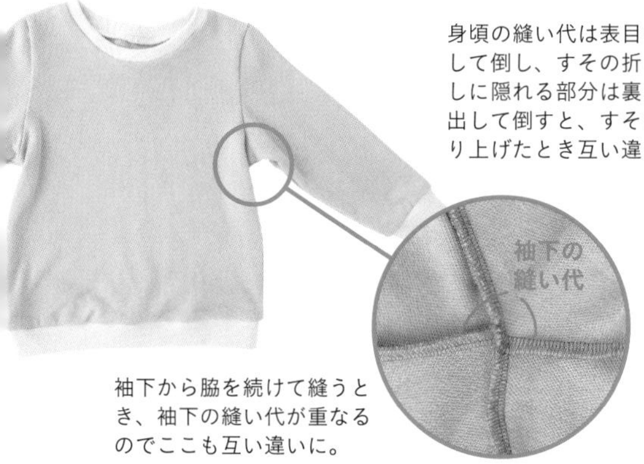

袖下から脇を続けて縫うとき、袖下の縫い代が重なるのでここも互い違いに。

すその折り返しは…

身頃の縫い代は表目を出して倒し、すその折り返しに隠れる部分は裏目を出して倒すと、すそを折り上げたとき互い違いに。

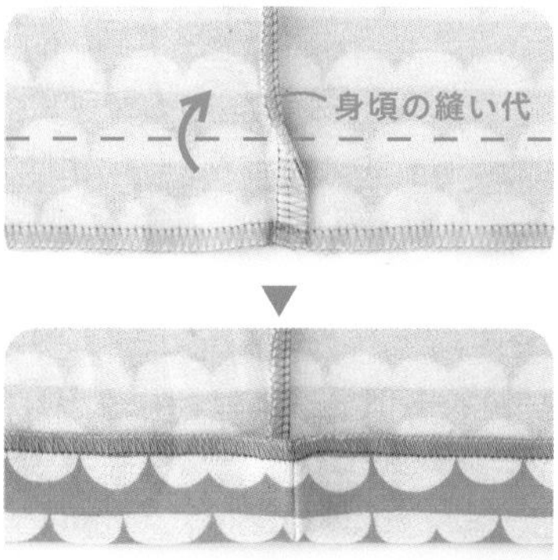

Q 38

糸端の始末は3本ロックと同じ？

とじ針を使うのは同じ。糸を通す場所が違います

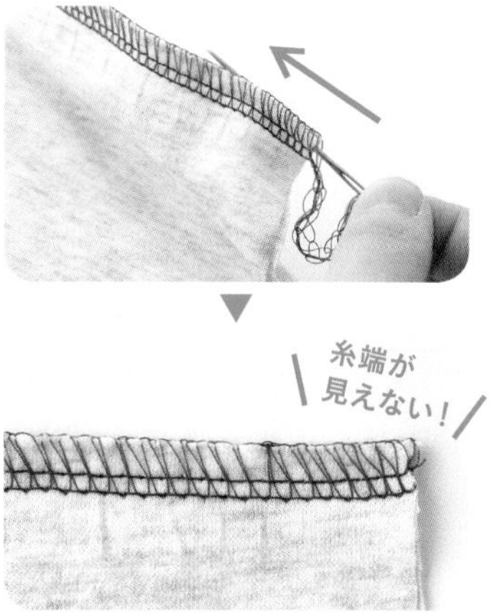

　4本ロックになっても、糸端の始末の仕方は基本的には同じ。編み物のとじ針で空環を処理します（Q22参照）。

　ただし、空環を通す場所がちょっと違います。端かがりのときは縫い目の裏目の中に通したけれど、生地を縫い合わせた場合は、2枚の生地の間に入れられるのです。この方法なら糸端は生地の間に隠れ、まったく見えません。

角の縫い方
▼
Q19 (P.36)

カーブの縫い方
▼
Q20 (P.38)

ほどき方
▼
Q23 (P.41)

この3つの縫い方はPart.1の端かがりと同じ。それぞれのQ&Aを見てね！

Step up編

ロックミシンにできること その3

巻きロック

ちょっと上級編だけど、この縫い方は知っておくべき。凝ってるように見えるけど、意外と簡単でクセになります

Q 39 巻きロックってどういう縫い方？

薄地の生地端を細く折り込みながらかがり縫い。２種の縫い方があります

ハンカチの縁取りやフリルの端でよく見るのが「変形巻きロック」。簡単に装飾性のある端かがりができるので、ぜひ覚えたい縫い方です。これと縫い方の原理は同じですが、生地を縫い合わせるのに使うのが「標準巻きロック」。細い縫い代で縫い合わせられますが、生地を折り込んで縫っているので意外と強度あり。どちらも１本針３本糸で縫います。

縫い合わせならこちら

標準巻きロック

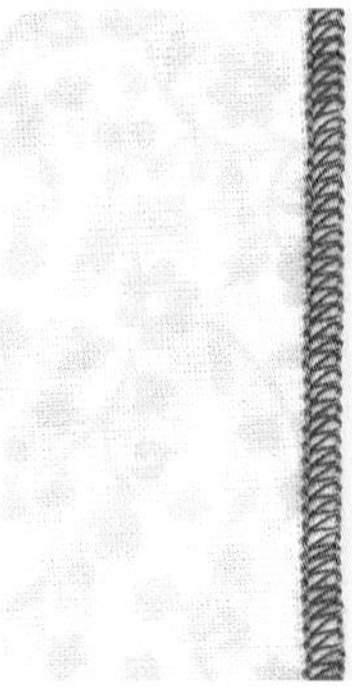

同じ巻きロックの縫い方で、薄地の縫い合わせに使う。「細ロック」とも言われる。縫い代が約２㎜と目立たないので、透けるオーガンジーやレースなどに。

縫い合わせた生地を開くとこんな感じ。縫い代がごく細いことがよくわかる。透ける素材でもこれなら目立たない。

端かがりならこちら

変形巻きロック

「変形」という名前がついているが、いわゆる巻きロックといったらこちら。「全巻き」とも言われる。ふっくらと装飾的で、薄地の端かがりとして使い道いろいろ。

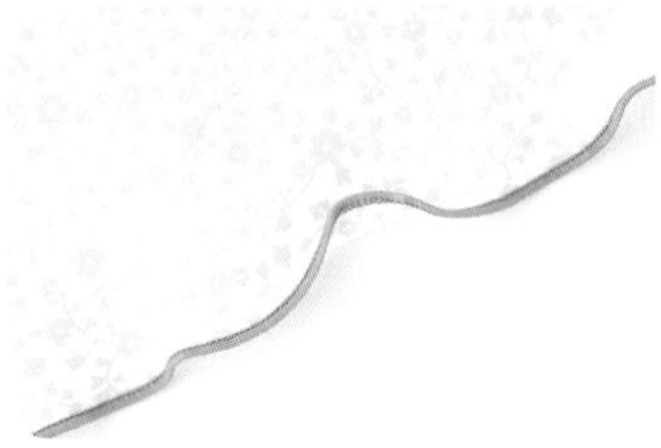

バイアスの生地端を処理するとフリルのよう。天竺など伸びやすいニット生地ではもっと波打つ「レタス縫い」になる。

使い道いろいろ。簡単に作品作りの幅が広がります

スカートのすそに！

カーブがきついフレアスカートのすそ処理もおまかせ。簡単かつ、軽やかに仕上がる。

変形巻きロック

フリルの端かがりに！

日傘の端処理に！

フリルの生地端を三つ折りにするのはめんどう。変形巻きロックならきれいで簡単！

手作り日傘の端処理にはぜひおすすめしたい。傘の縫い合わせに「標準巻きロック」を使っても。

透ける生地の縫い合わせに！

標準巻きロック

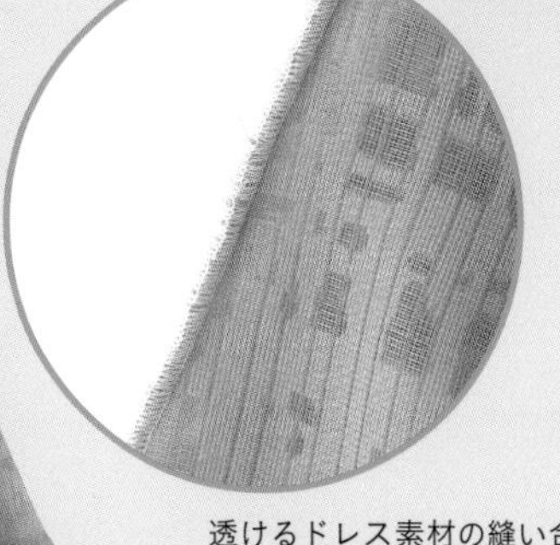

ほんとにいろいろできて楽しそう！

透けるドレス素材の縫い合わせに「標準巻きロック」。3本ロック＋直線縫いよりラクできれい。

Q 40

変形巻きロックの縫い方は難しい？

使う糸は3本で、専用の設定にするだけ。5mm切りながら縫うのがポイント！

特殊な縫い方のようですが、ロックミシンの設定だけ取説の指示通りに変えれば、あとはおまかせ。特に難しくはありません。ただ、変形巻きロックの場合、5mm切り落としながら縫うのがおすすめ。仕上がりがきれいです。生地端を2mmほど折り込みながら縫うので、出来上がり線は生地端の約7mm内側になると考えてください。

糸をセットする

01

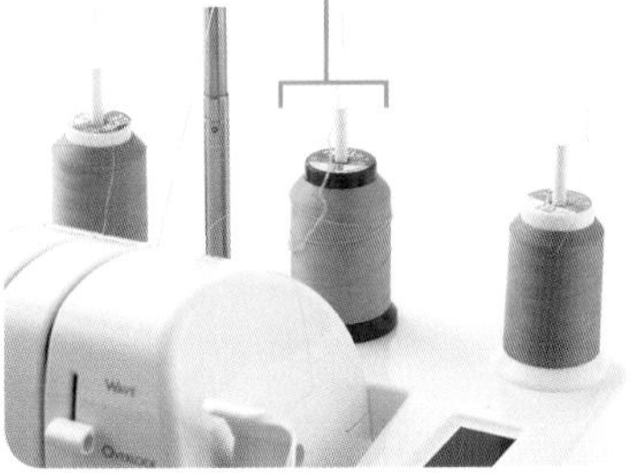

1本針3本糸で縫う。上ルーパー糸はウーリー糸にするのがおすすめで、かけ方は左ページを参照。ほか2本は90番を使う。

02

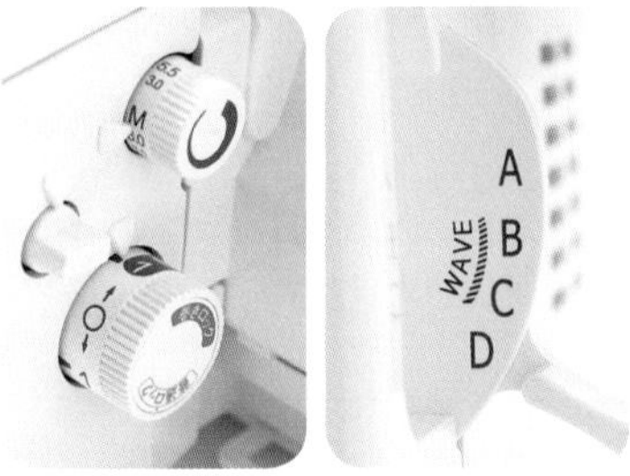

ロックミシンを取説の指示通りに変形巻きロックの設定にする。この機種は、縫い目調節レバー（右）をDにし、送り目は1mm、かがり幅はMに設定。

03

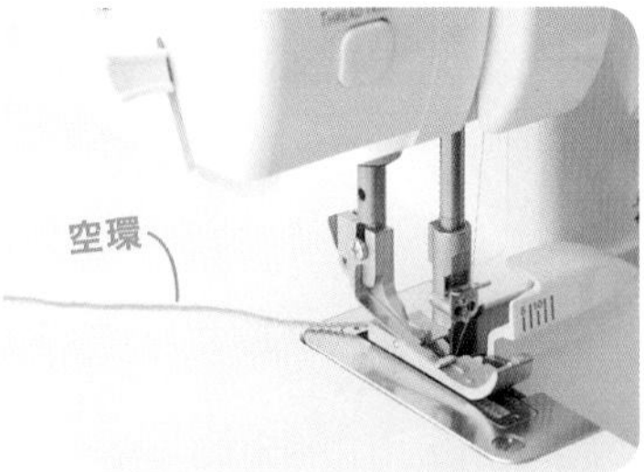

最初の1～2目はプーリーを手で回して縫い目を作る。空縫いして空環を10～20cm出す。

04

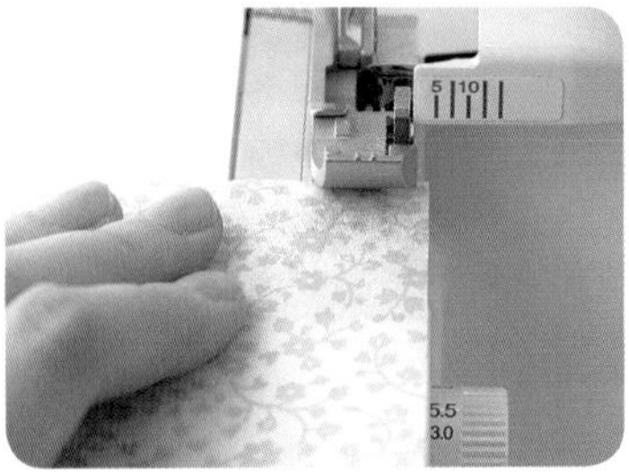

生地端を5mm切り落としながら縫い始める。生地端をメスカバーのガイドの「5」の目盛りに合わせ、まっすぐ送る。

05

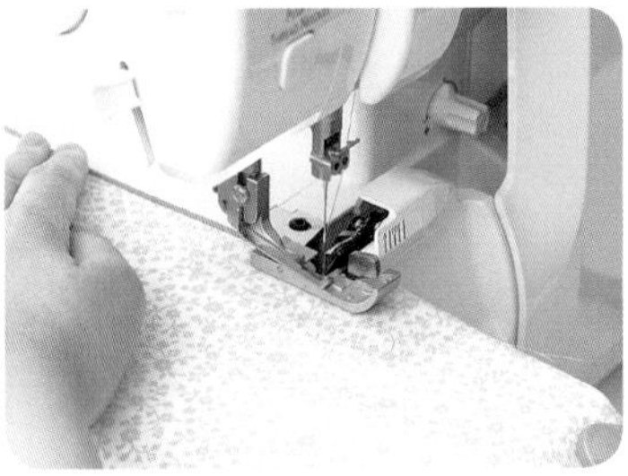

両手でやや生地を張らせながら縫うと、生地が縮まずきれいに仕上がる。縮みが強い場合は差動の伸ばし縫い（Q18参照）で調整する。

06

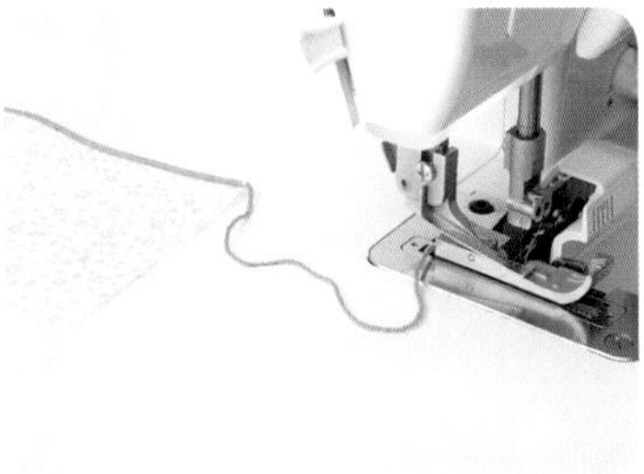

最後もほかの縫い方と同じように、空環を10～20cm出し、カットして終了。

Q 変形巻きロックに使うウーリー糸の通し方は？

撚りをかけていないウーリー糸は、自動糸通しのパイプにうまく入ってくれず、残念ながらこの機能を使って糸かけができません。この場合、かかっている前の糸とつなげてガイドにすると簡単。ウーリー糸を使う場合は、うっかり前の糸をはずさないように！

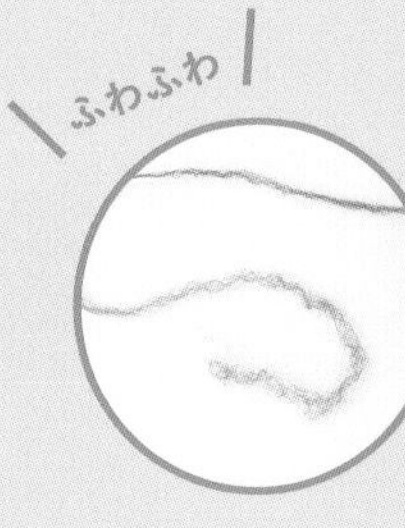

ウーリーロック（フジックス）

非常に細い繊維でできている糸で、ふっくらと仕上がる。ふわふわして自動糸通し機能が使えない。

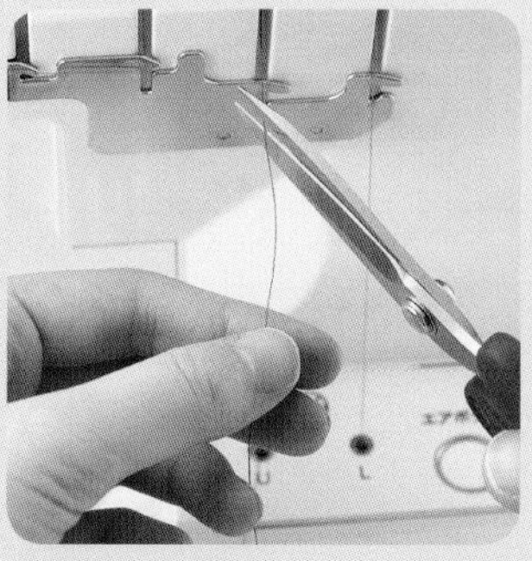

01 前の上ルーパーの糸（青）をスリット（糸を通す縦溝）とパイプの穴の間で20～30cmたるませ、カットする。その後、糸置き台からはずす。

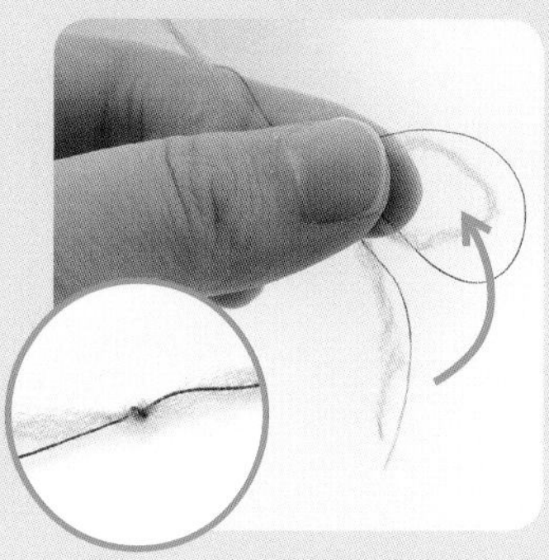

02 新たにかけるウーリー糸（オレンジ）を糸置き台にセットし、糸案内を通す。前の糸（青）とウーリー糸2本を一緒に結び、固く小さい結び目を作る。

03 上ルーパーの先の穴から出ている前の糸（青）を静かに引っ張る。

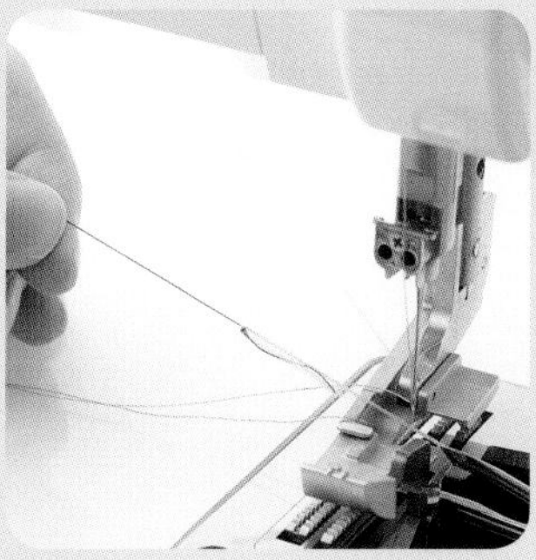

04 ずっと引っ張りながら、新たにかけるウーリー糸（オレンジ）をたぐり寄せる。結び目が出てきたら通った証拠。

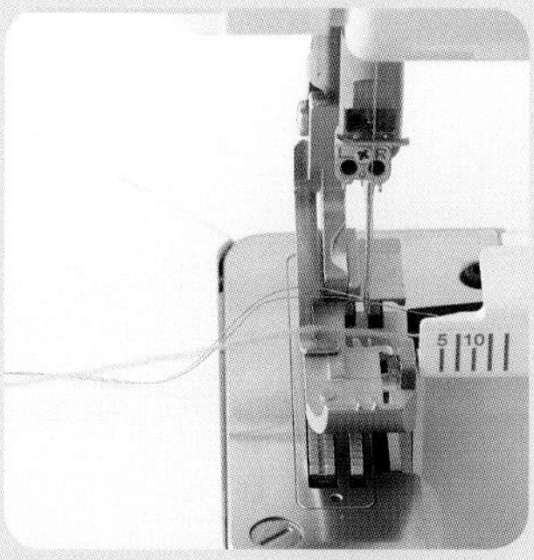

05 前の糸（青）を切って、ウーリー糸の糸通しが完了。これを覚えておけば、自動糸通しでない機種でも同じように糸替えができる。

このかけ替え方はふだんでも使える！

自動糸通しじゃない機種は特に便利！

Q 41

一周の縫い終わりはどうする？

始めの縫い目にまっすぐつなげ、同じ幅で重ねて終わります

変形巻きロックはスカートのすそやハンカチなど、ぐるりと一周かがるケースが多く、最後の処理はどうしたらいいのでしょう。

基本的には輪の縫い方（Q21参照）と同じですが、縫い目が見える仕上げなので、より慎重に。まっすぐ、そしてぴったり縫い目が重なるまでには、慣れも必要。ハギレでどんどん練習するのがいちばんです。

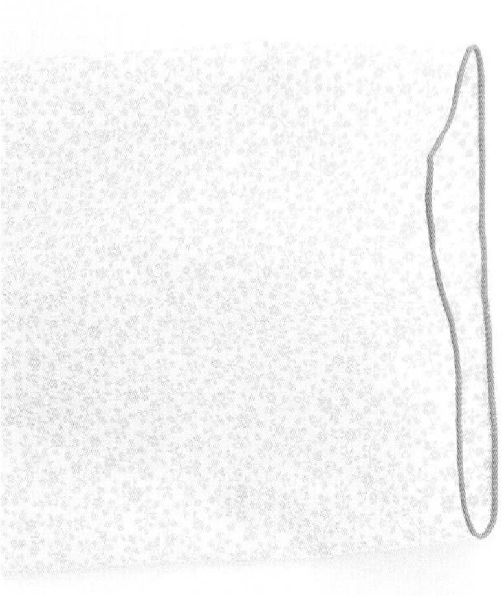

見せる縫い方だから
きれいに終わりたいよね
練習が必要だわ～

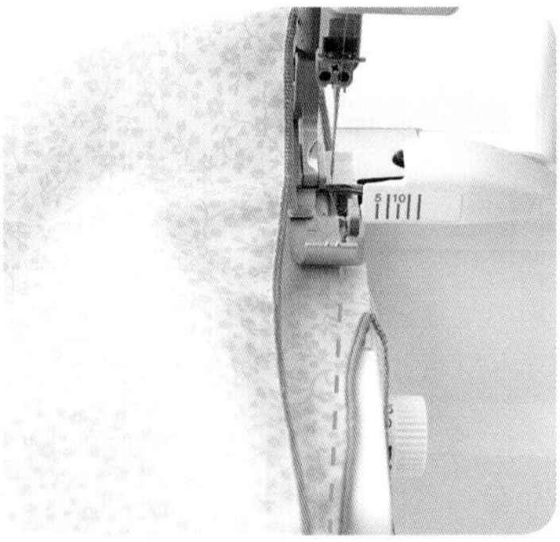

01 5㎜切り落としながら縫い進め、ぐるりと一周縫う。縫い始めの縫い目を切り落としながら、まっすぐ縫い始めた位置に直線でつなげる（点線）。

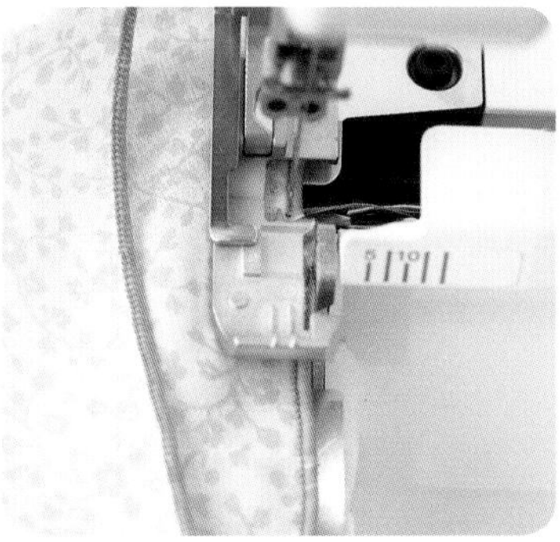

02 まっすぐつながったらメスをロック（固定）する。

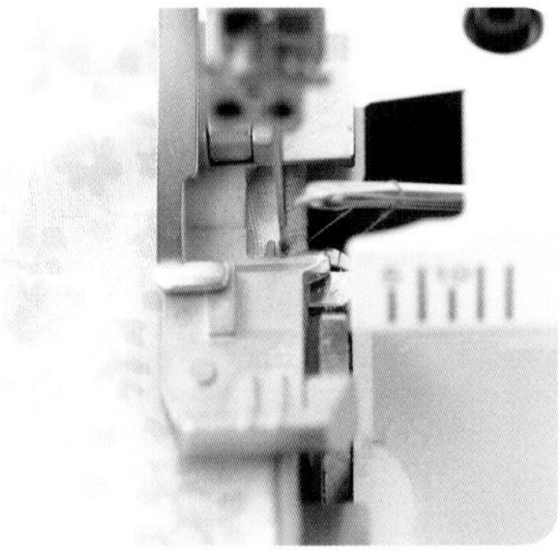

03 押さえのすきまをのぞき込みながら、針が縫い始めの針目と同じ位置に落ちるように、1～2㎝重ねて縫う。

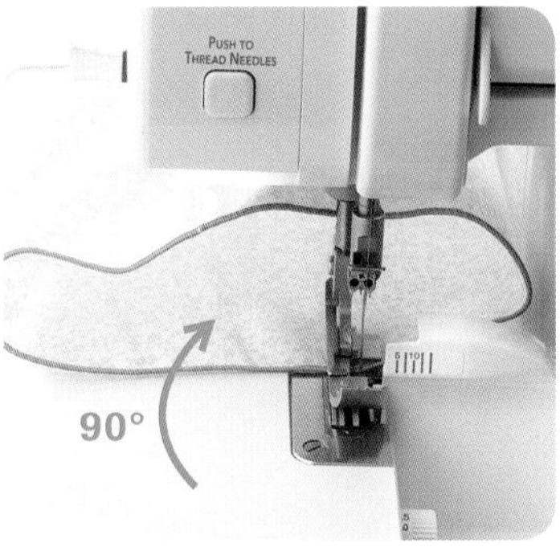

PUSH TO
THREAD NEEDLES
90°

04 針と押さえを上げ、生地を90°回転させる。プーリーを手で回して1～2目縫ったら、続けて空環を10～20㎝出してカットする。

Q 42

糸端の始末はどうするの？

裏側の縫い目に通して隠します。おすすめ道具あり！

巻きロックはかがり幅が細いし、ウーリー糸を使う場合は糸が密集しているので、とじ針で糸端の始末をするのはなかなか大変。細い針を使えばできなくはないのですが……じつはもっといい道具があります。それがルーパースレッダー。しなやかで細いワイヤ製なので、スムーズに糸端を裏の縫い目に通せます。

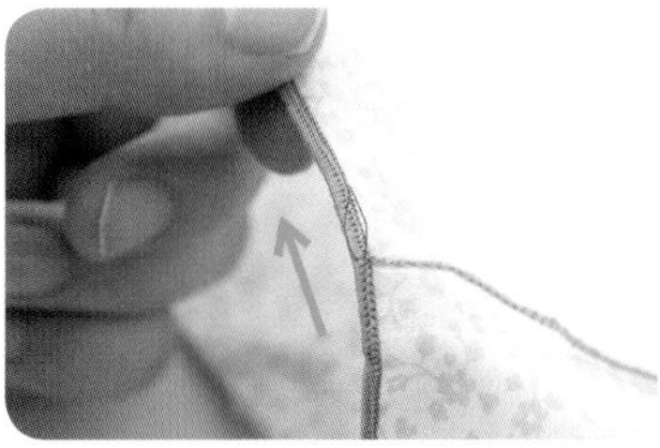

01 縫い目の中にひし形の糸通しの先端を刺して通し、糸端が出ている部分から出す。

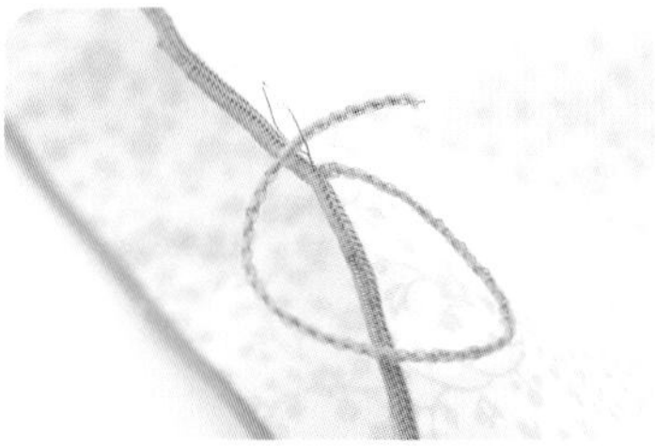

02 空環をひし形の糸通しの中に入れる。

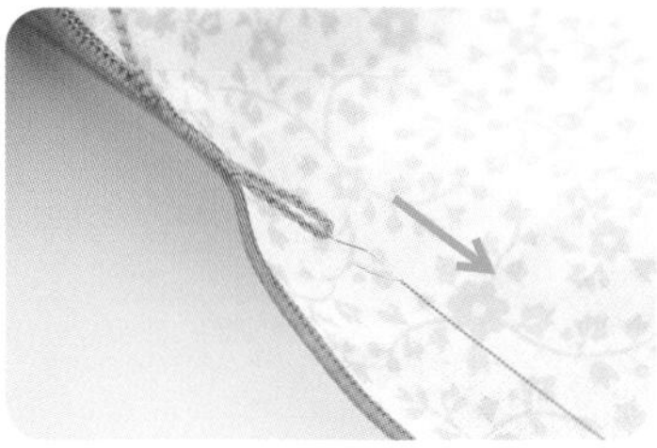

03 ルーパースレッダーを静かに引いて、糸端を縫い目の中に入れ込む。

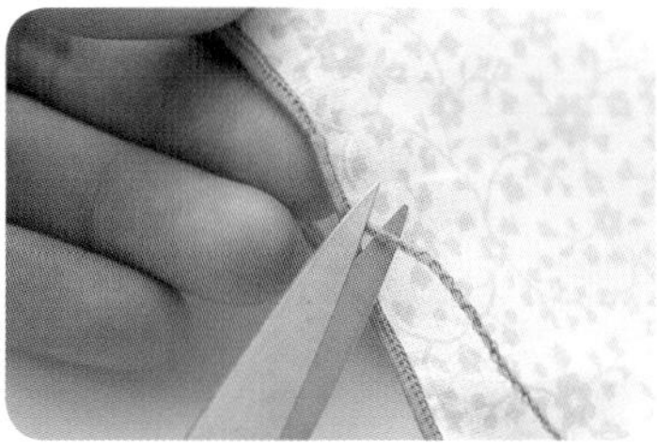

04 空環にたるみがなくなるまで引いたら、根元で切る。これで糸端はすっかり隠れる。

ルーパースレッダー

ベビーロックの製品。ミシンに付属してくるが、別売もしている。

Q 43

ほどくことはできる？

残念ながらムリ。切り落として

巻きロックは縫い目が細かく、生地を折り込んでいるのでほどくのはあきらめて。縫い目ギリギリのところを切り落とし、縫い直すのがベストです。

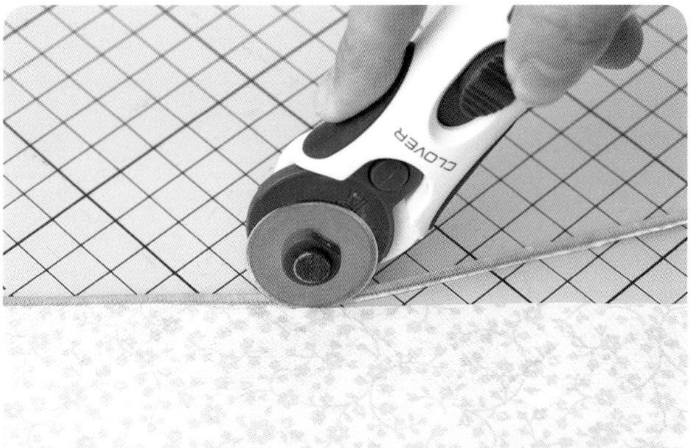

ロータリーカッターを使えば簡単かつきれいに切り落とせる。

数ミリだからほぼ問題なし！

この本で使った最新機種

Sakuraをご紹介！

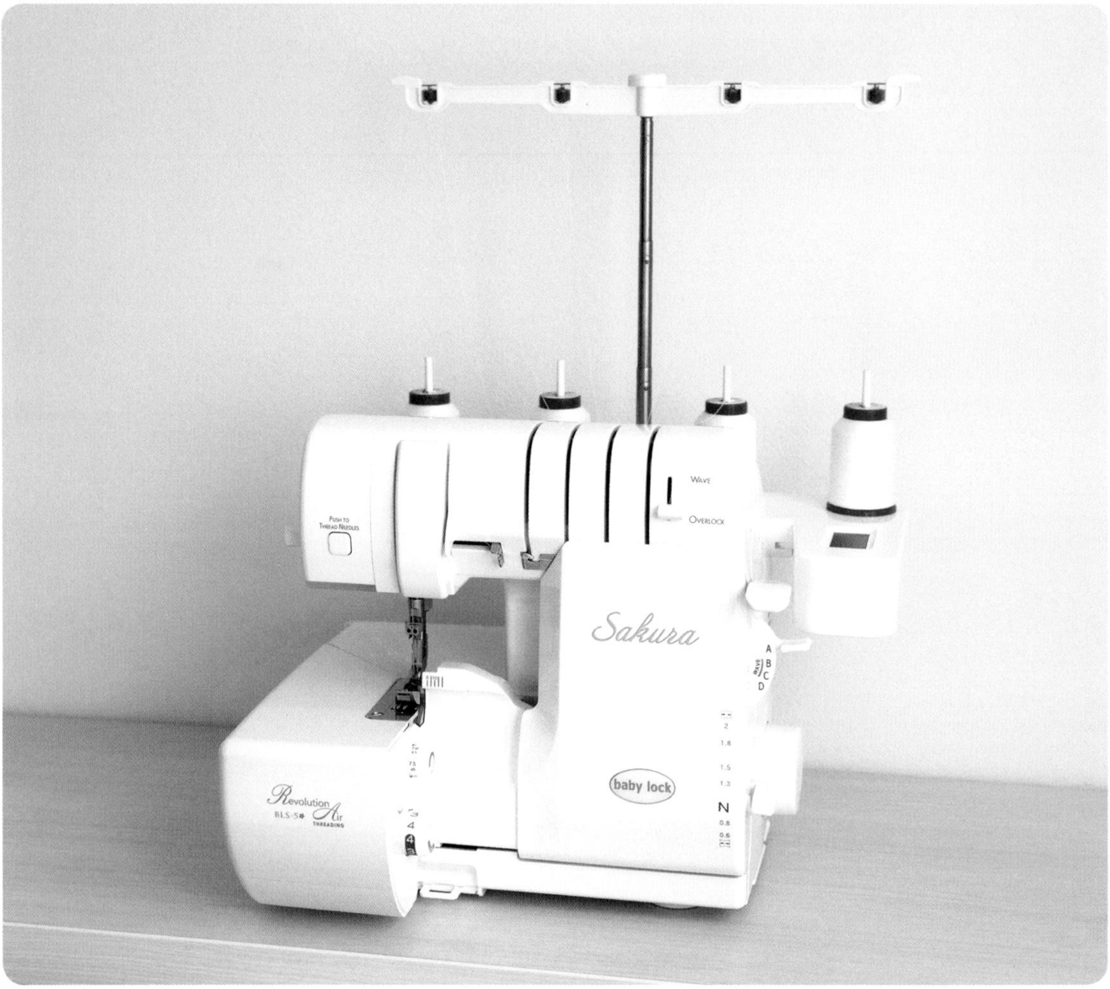

機能と使いやすさが格段に進歩した画期的ロックミシン

今回、この本で使っているのは、ベビーロックから発売された最新の2本針4本糸のロックミシン「Sakura」。最新機種にありがちな、ムダに多機能で豪華というのとはまったく違い、使い勝手の面で画期的なグレードアップを果たしたロックミシンなんです。

なかでも感動するのは、糸通しがすべて自動ということ。なんと針糸2本も、です！ すべて空気の力で一瞬で通るので、慣れれば早い早い！ 超ラクちん！ 縫い始めるまで手間取っていたのがうそのようです。

もちろん、糸調子も自動。ほかにも押さえ上がり量がアップしていたり、押さえ上げレバーが右に移動したりと、「こうだったらいいのに」がすべて盛り込まれていると感じました。

初心者さんにはぜいたく？ いえいえ、初心者さんにこそ使ってほしい！ これ一台あれば、ストレスなく、ずっと楽しいロックミシンライフを送れるはずです。

魅力 1

なんと針糸通しが自動！

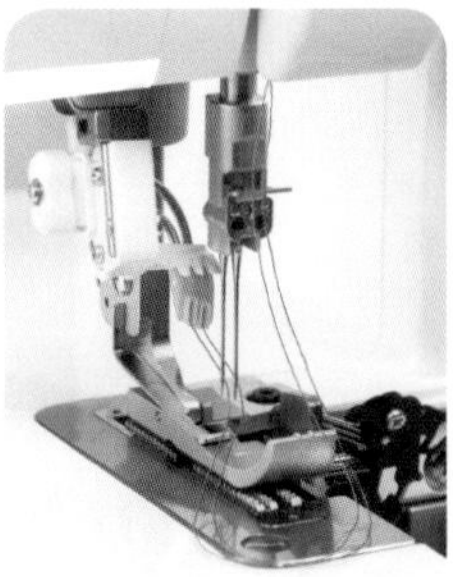

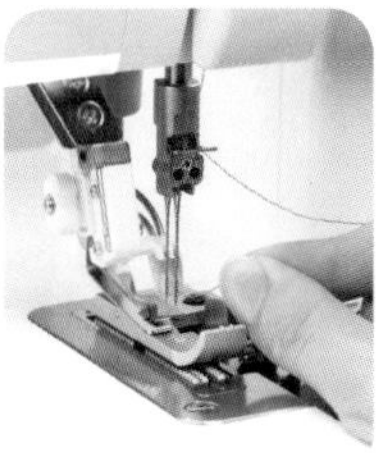

糸を針穴に近づけると空気の力で糸通し完了！　目に自信がなくなってきた世代にも大好評です。世界初、そして現在この機種に限られた画期的な機能です。

魅力 2

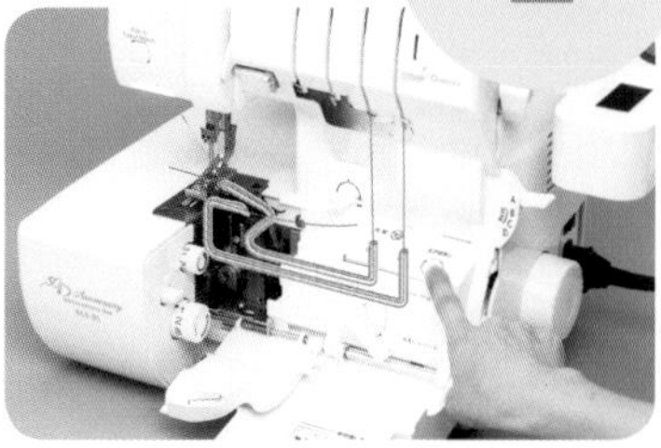

ルーパー糸通しも自動！

上下のルーパー糸も空気の力で一瞬で通せるジェットエアスルーシステムは、ロックミシンの糸かけのイメージを一新した機能。モーターのパワーがアップし、よりラクに、簡単になりました。

魅力 3

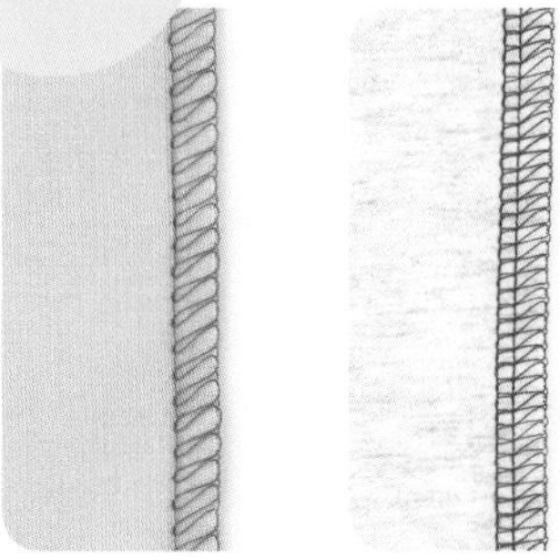

美しい糸調子

糸調子も自動でおまかせ。薄地から厚地まで、縫い目や生地を変えても、調整いらずできれいな縫い目になるのは感動もの。糸調子合せに手間どる時間が大幅に減らせます。

魅力 4

厚物もバッチリ！

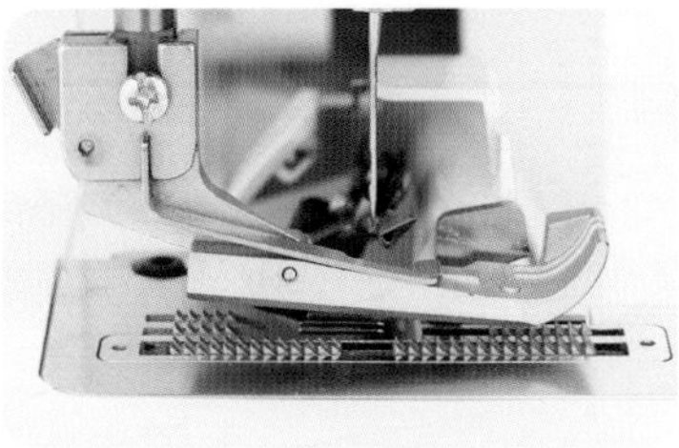

押さえ金の上がり量が６㎜と業界最大値。今まで押し込んでいた厚地や起毛生地で苦労することも激減します。リブづけの縫い始めも難なくスタートできますよ。

魅力 5

安定感がアップ！

モーターがパワーアップし、安定感が抜群！　今まで気になっていた振動や揺れもほとんど感じません。そのぶんサイズアップもしましたが、縫いやすさには譲れません。

ほかにもこんな工夫が！

押さえレバーが右に

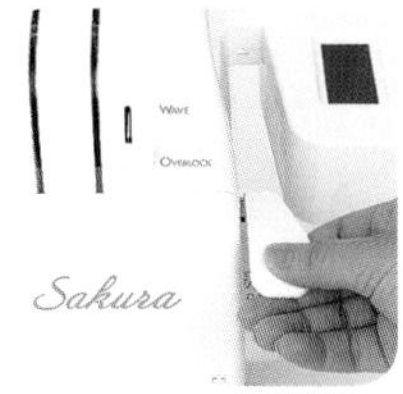

今まで後ろにあったレバーが右に移動。右手ですぐアクセスできるので、操作性がスムーズ！

ＬＥＤの照明

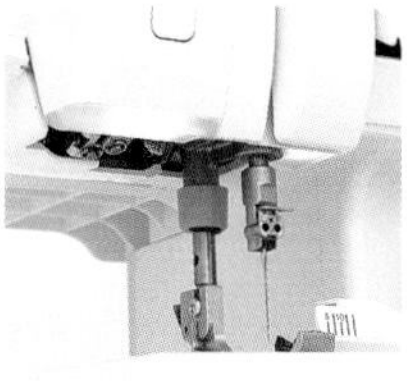

３か所にＬＥＤを採用。照らす範囲が広くなり、明るくなった。ＬＥＤなので長寿命で使える。

外れないねじ

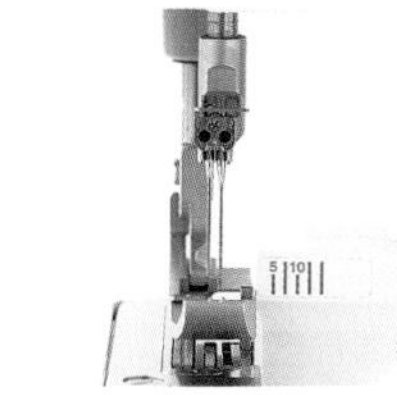

振動で外れてしまうこともあった針止めのねじ。これはゆるんでも外れないので、紛失の心配なし。

コードホルダー

おさまりの悪かったコードをミシン側面に収納できる。プーリーにも触れず安全。

マグネット針置き

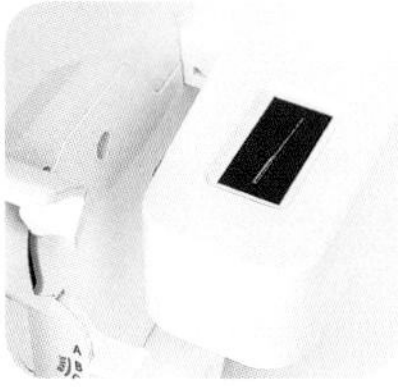

針替えのとき、置き場に困っていたミシン針をキープ。落ちない安心感がうれしい。

ロックミシンでソーイングに挑戦！

初めてでも作れる雑貨&服

いよいよ作品作りにチャレンジ！　初心者さんでも縫いやすい工夫がいっぱいのレシピ。

キルティングの

レッスンバッグ

ほつれやすい
キルティングの生地は
ロックミシンの端かがりが重宝！
芯も裏地も必要なし。
レッスンバッグの
いちばん簡単なレシピです。

作り方は▶ P.72

持ち手は口に折り込まれている。

巻きロック仕上げの

ギャザースカート

ロックミシンで
端かがりができれば、
丈の長いスカートの
縫い代始末もラクラク！
さらにすそは折り上げず、
変形巻きロックに。
ゴールドカラーがアクセントです。

作り方は ▶ **P.74**

ゴールドの巻きロックが目を引く。

オフタートル
トップス

ジョガーパンツ

ポンチニットの

リラックスウェア

伸びにくくて丸まりにくい
ニット生地で作る、
ゆったりトップスと
テーパードラインのパンツ。
おうち着にも街着にもなる
便利なアイテムです。
1か所を除き、
すべてロックミシンで作れます。

作り方は▶ P.79

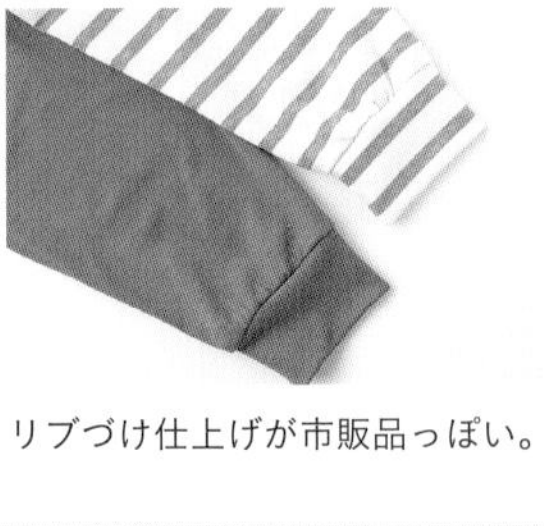

リブづけ仕上げが市販品っぽい。

色みを合わせながら
無地とボーダーで作っても
すてきに仕上がります

How to make

レッスンバッグ

作品は P.68 実物大型紙は表面

●材料

キルティング生地 ……………………縦 80 × 横 50cm
アクリルテープ（25㎜幅）…………1m
糸
ロックミシン用スパン糸 90番……3巻
（生地と同系色）
直線ミシン用スパン糸 60番………適宜
（生地と同系色）

●仕上がりサイズ

縦 30 × 横 40cm　持ち手高さ 約 11cm

●Point

裁断したら、キルティングがほどけてこないように時間をおかずに端かがりを。5㎜切り落としながらかがると安心。

生地の裁ち方

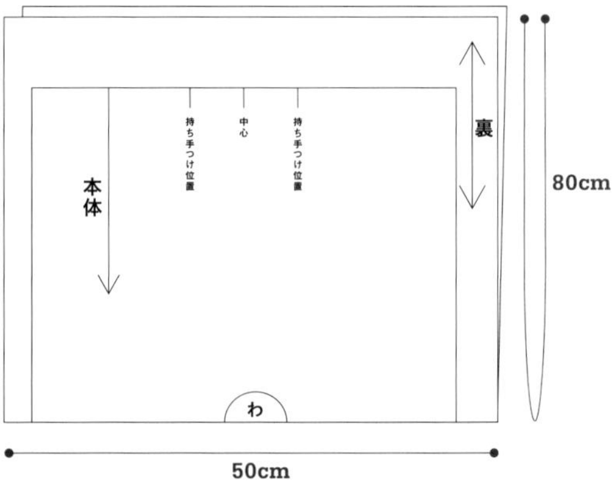

裁断・印つけ

01

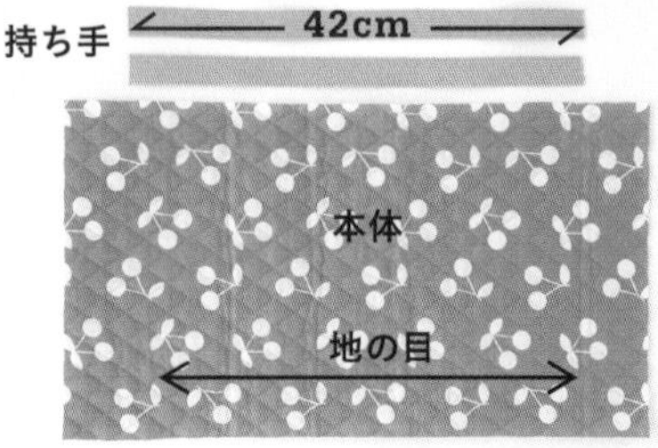

実物大型紙から写しとって型紙を作り、本体用のキルティング生地を裁断する（P.88 参照）。持ち手用アクリルテープは42cm長さ２本にカットする。

02

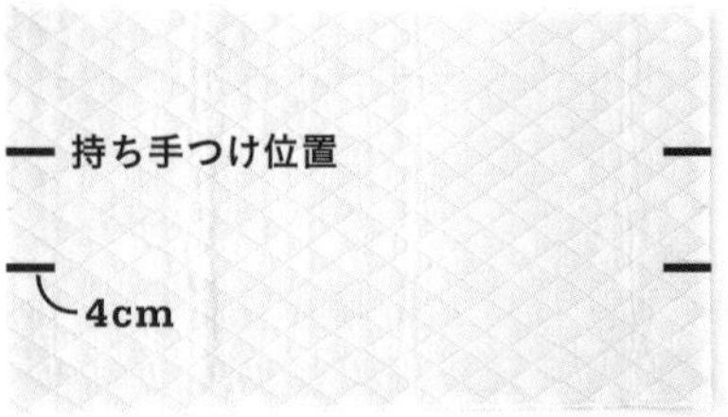

持ち手つけ位置に印をつける。生地の裏面に、チャコペンなどで４cmほど長めにつけておく。

03

3本ロック

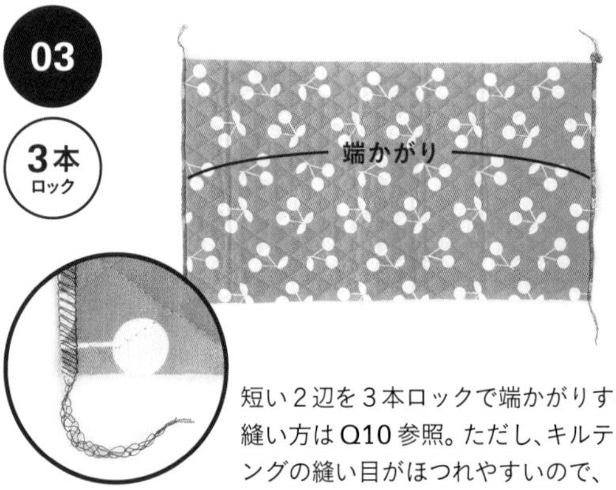

短い２辺を３本ロックで端かがりする。縫い方はQ10 参照。ただし、キルティングの縫い目がほつれやすいので、５㎜切り落としながら縫う。

04

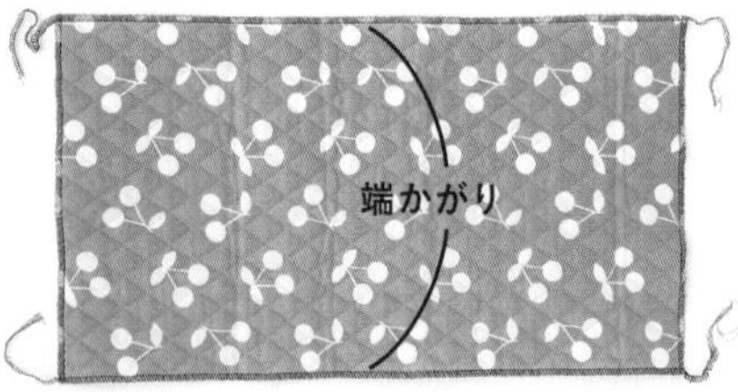

長い２辺を３本ロックで端かがりする。これで、端かがりは終了。

05

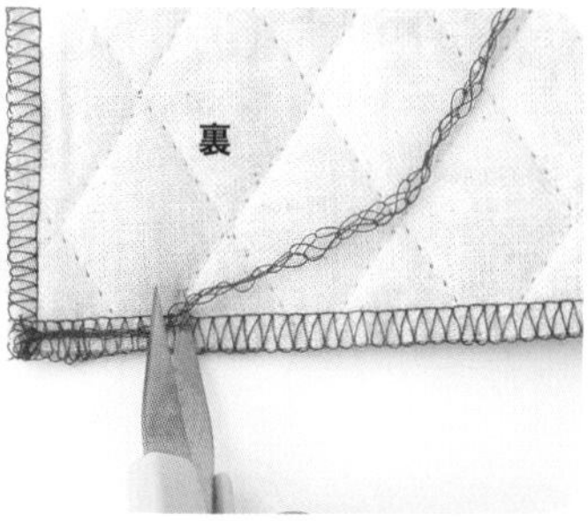

４か所の糸端をとじ針を使って裏の縫い目に通し、カットする。詳しくはＱ22 参照。

口を折る

06

短い２辺をアイロンで３㎝折ってクセづけておく。ここがバッグの口になる。

脇を縫う

07

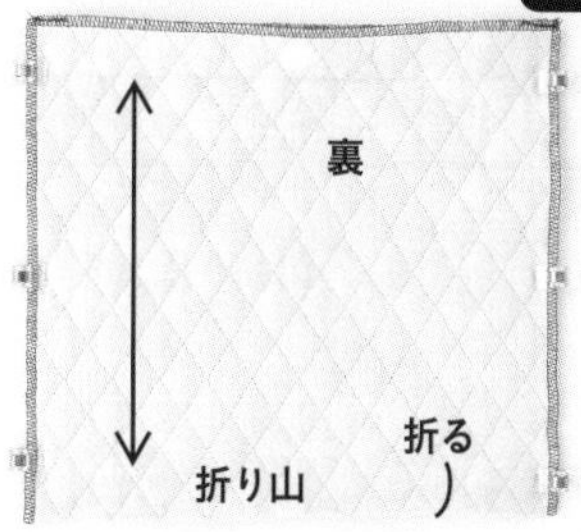

本体の表どうしが合うように（中表にする）二つ折りにし、両脇をクリップで止める。生地が厚いのでまち針よりおすすめ。

08

直線ミシン

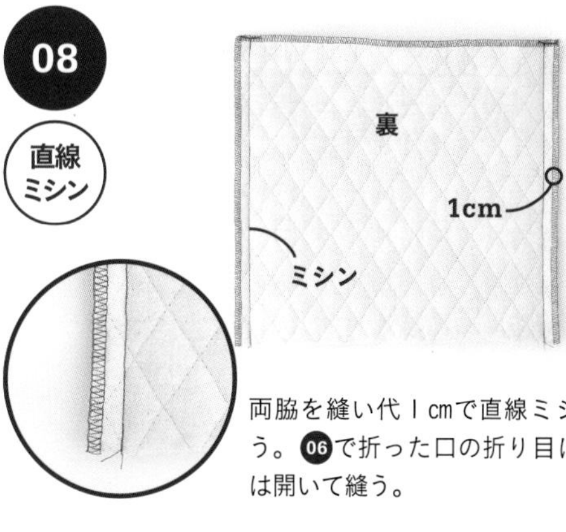

両脇を縫い代１㎝で直線ミシンで縫う。❻で折った口の折り目はここでは開いて縫う。

09

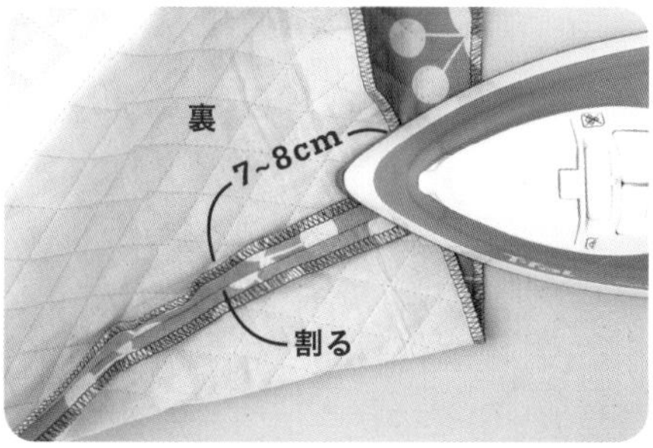

縫い代をアイロンで割る。口から７～８㎝の部分だけでＯＫ。

口回りを縫う

10

口を折り直し、アクリルテープを持ち手位置に合わせて奥まで差し込み、クリップで止める。反対側も同様。持ち手がねじれないように注意。

11

直線ミシン

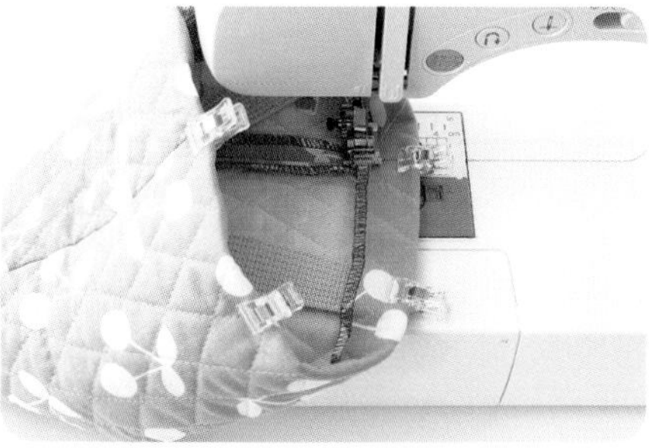

全体を表に返し、折った口を数か所クリップで止め、ミシンにセット。中をのぞき込むように、ぐるりと一周、直線ミシンで縫う。

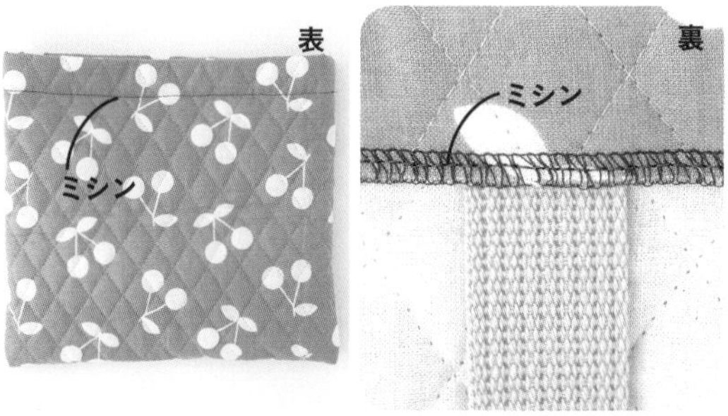

12

縫うところは３本ロックの縫い目の真ん中。縫い目側から縫う。

How to make

ギャザースカート

作品は P.69 実物大型紙は裏面

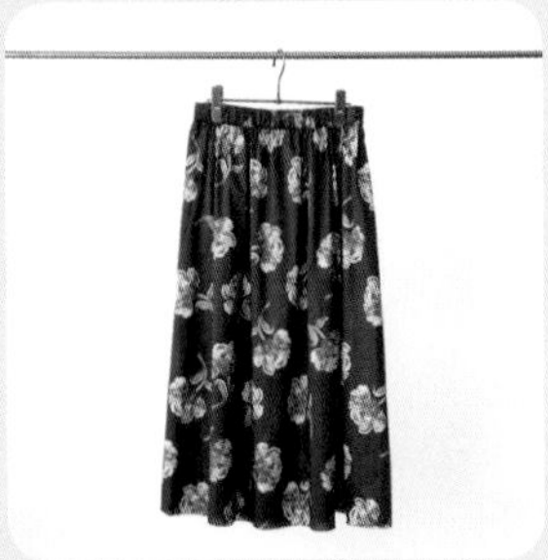

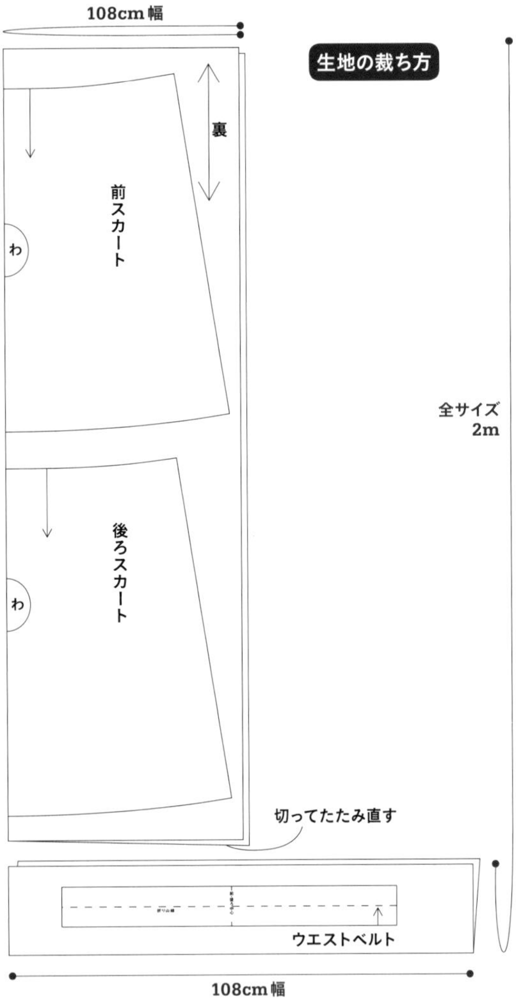

13

下向きになっていた持ち手を上に折り上げ、クリップで止める。

14

直線ミシン

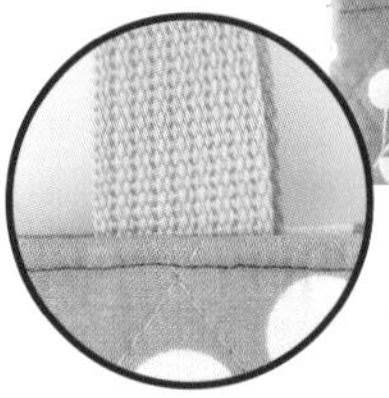

口端から5mm内側をもう一度ぐるりと一周、直線ミシンで縫う。裏側から縫うとテープの曲がりも防ぎやすい。

15

角を整える

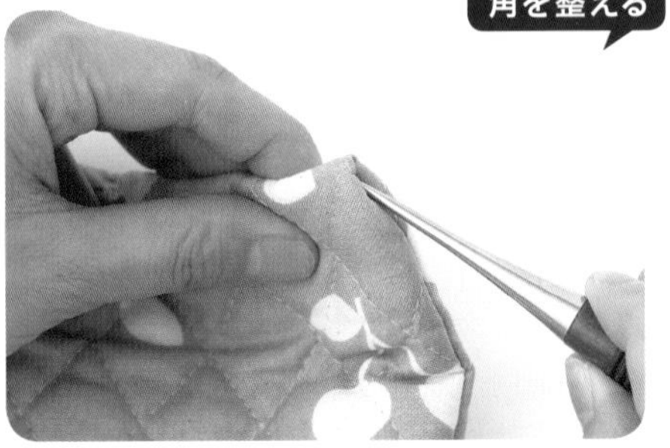

両角をきれいに出す。目打ちで引っ張り出すというより、中に差し込んで角の生地を押し上げるようにするといい。

完成！

芯を貼らなくてもしっかりしたレッスンバッグが驚くほど短時間でできる。この気軽さなら、ラクに新調できそう！

●材料

コットンローン 108cm幅…………全サイズ 2m
（リバティ・ファブリックス タナローン／リバティジャパン）

ウエストゴム（3cm幅）……………S 68cm ／ M 72cm
L 76cm ／ LL 80cm

糸

ロックミシン用スパン糸 90番……3巻
（端かがり用、生地と同系色）

ロックミシン用スパン糸 90番……2巻
（巻きロック用、生成りまたはベージュ）

ロックミシン用ウーリー糸………1巻
（巻きロック用、ゴールド）

直線ミシン用スパン糸 60番………適宜
（生地と同系色）

●仕上がりサイズ

ウエスト（ゴム上がり）S 64cm ／ M 68cm ／ L 72cm ／ LL 76cm、丈は各サイズ共通 75cm

●Point

きれいなギャザーを出すには薄手の生地が最適。ただし、裏地をつけないので、1枚でも透けない厚さ、色の生地を選んで。

裁断・印つけ

01

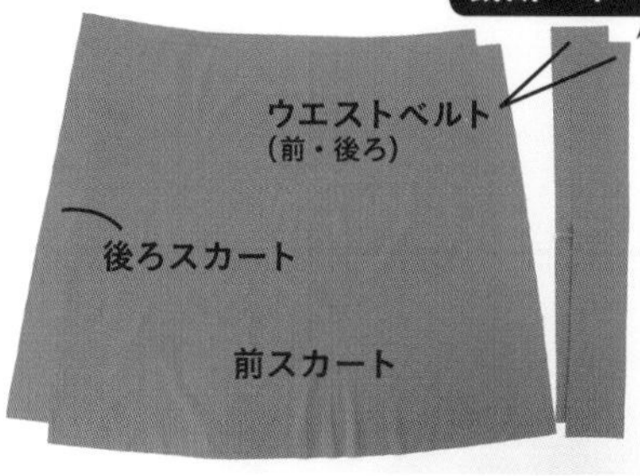

縫い代つき実物大型紙から写しとって型紙を作り、生地を裁断し、印をつける（P.88参照）。前後スカート、前後ウエストベルトの合計4パーツ。

端かがり

02

3本ロック

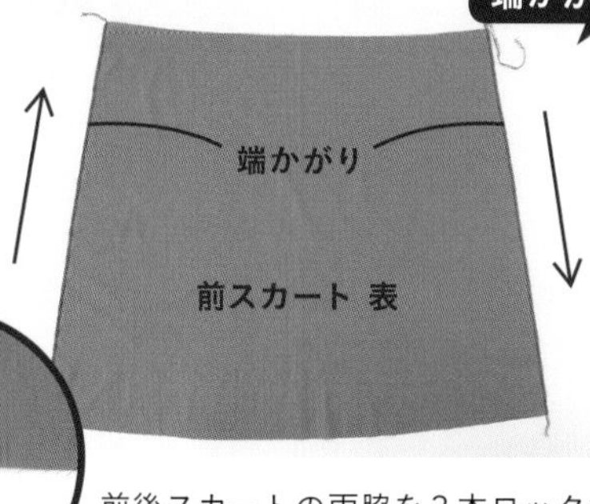

前後スカートの両脇を3本ロックで端かがりする。詳しくはQ10参照。伸びやすい生地は差動を使って調整（Q18参照）。表面に表目がくるよう、向きを考えて縫う。

脇を縫う

03

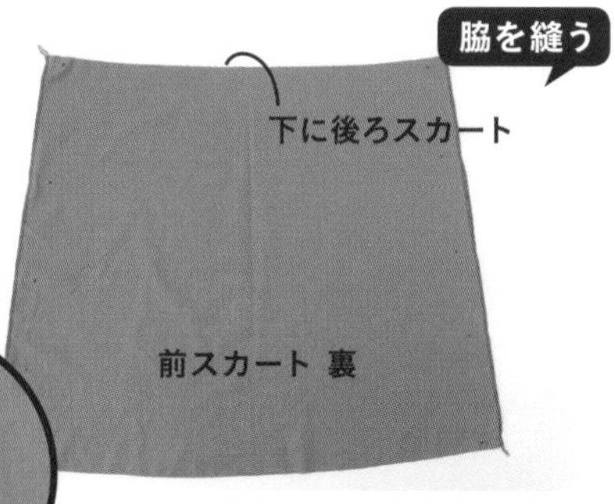

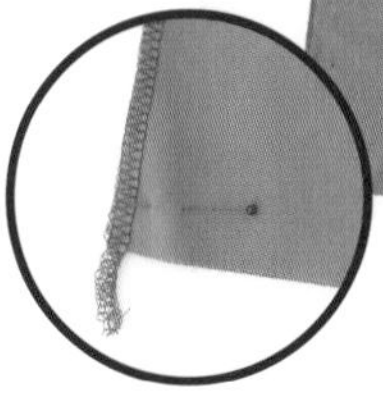

前スカートと後ろスカートを中表に合わせ、両脇の生地端をそろえてまち針で止める。

04

直線ミシン

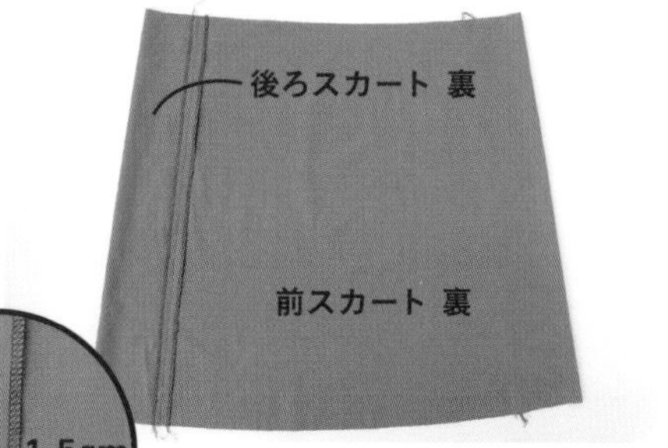

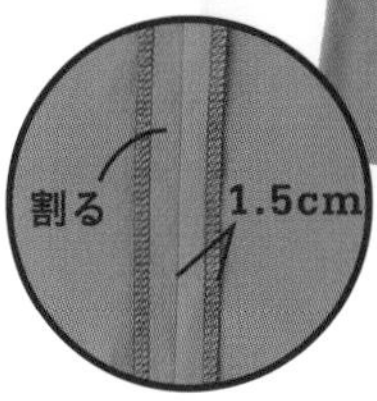

縫い代1.5cmで直線ミシンで縫い、縫い代をアイロンで割る。これで前後スカートが縫い合わせられた。

ウエストベルトを作る

05

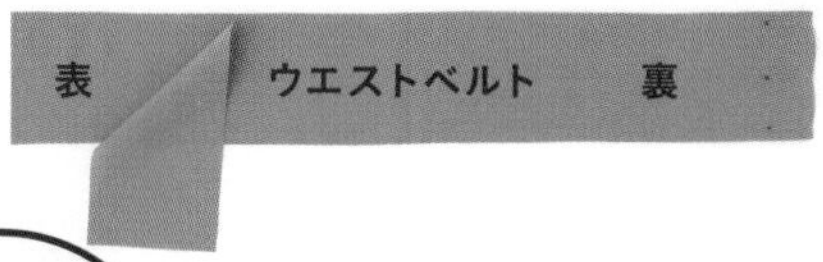

前後ウエストベルトを中表に合わせ、右脇の生地端をそろえてまち針で止める。

06

直線ミシン

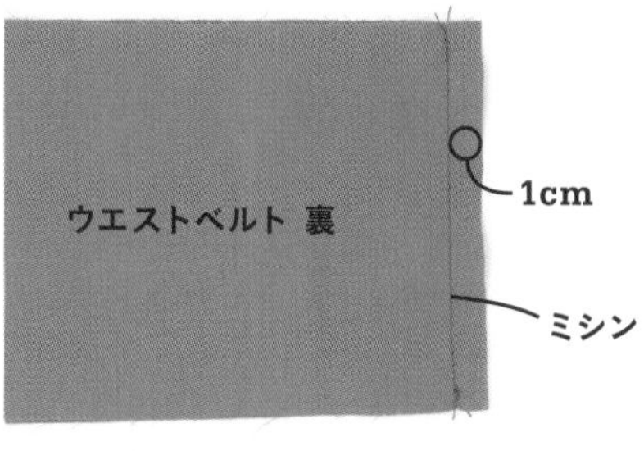

縫い代1cmで、直線ミシンで縫う。これでウエストベルトがつながった。

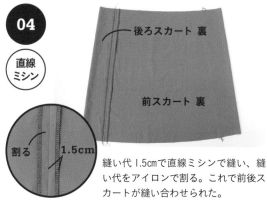

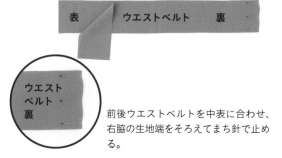

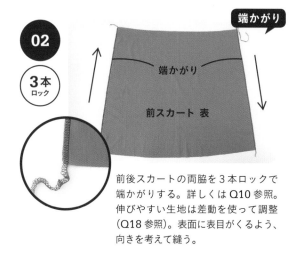

07

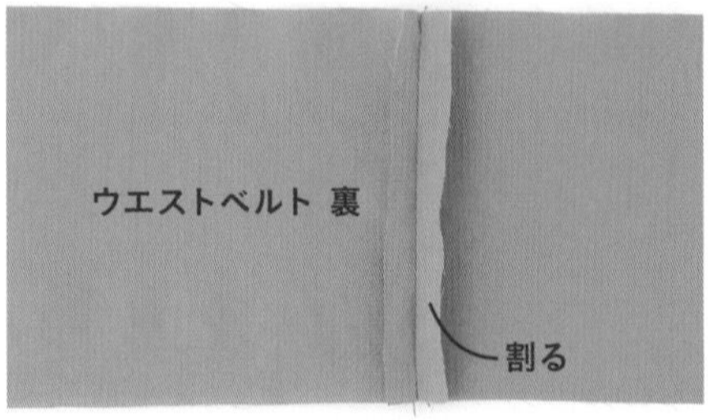

縫い代をアイロンで割る。

08

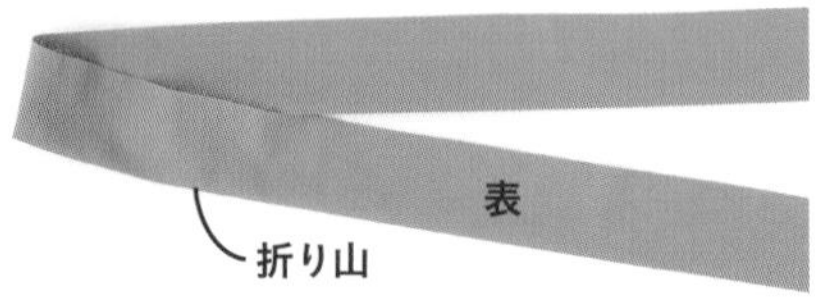

つなげたウエストベルトの幅をアイロンで半分に折る。しっかり折りグセをつけておく。

09

3本ロック

ウエストベルトの長い辺を、片方だけ3本ロックで端かがりする。左脇を右にして置き、上の辺にだけ表側からかける。

10

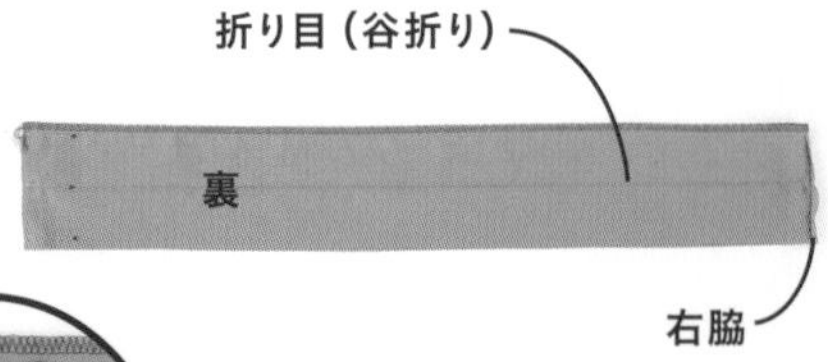

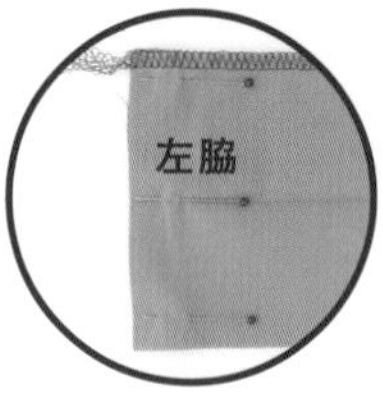

左脇を中表に合わせて生地端をそろえ、まち針で止める。

11

直線ミシン

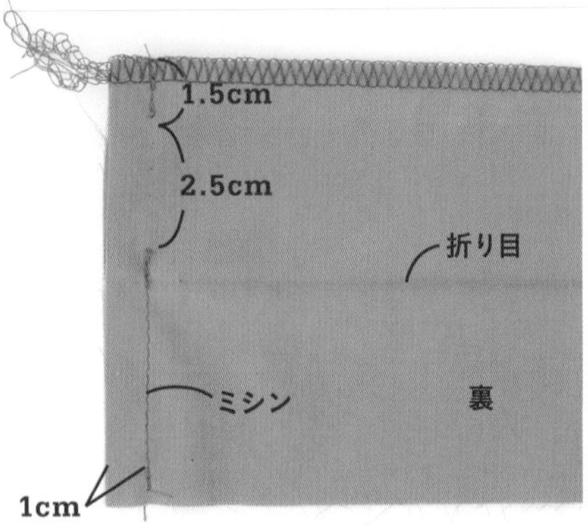

縫い代1cmで縫い合わせる。このとき、ゴム通し口を2.5cmほど縫わずに開けておく。

12

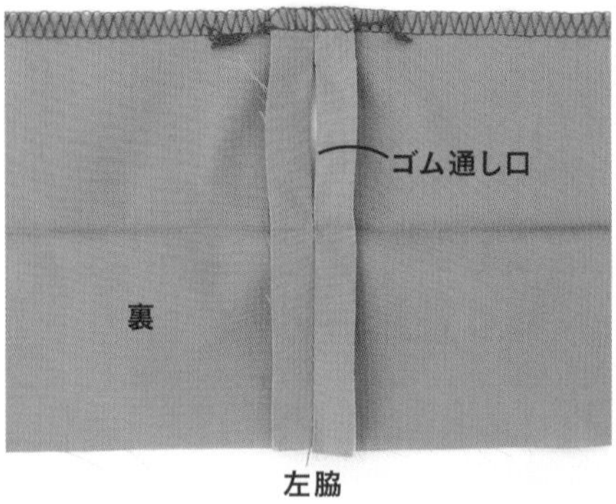

縫い代をアイロンで割る。縫い残した部分も割る。

ウエストベルトをつける

13

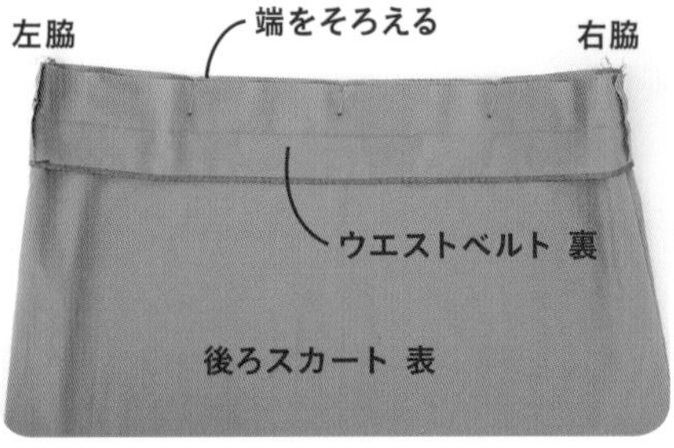

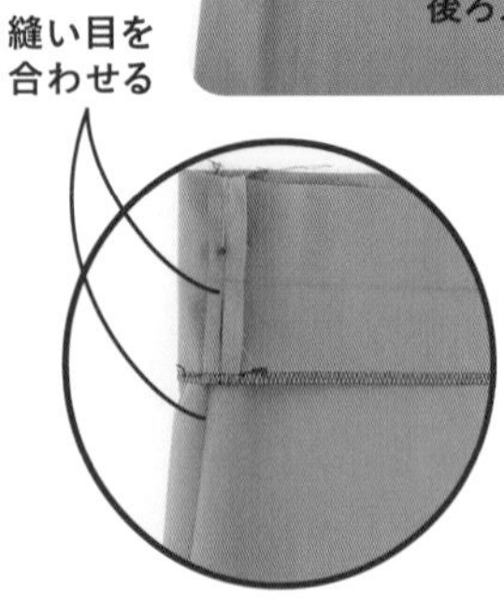

スカートを表に返し、上からウエストベルトを中表になるようにかぶせる。脇、中心の合印を合わせてまち針で止める。

14

直線ミシン

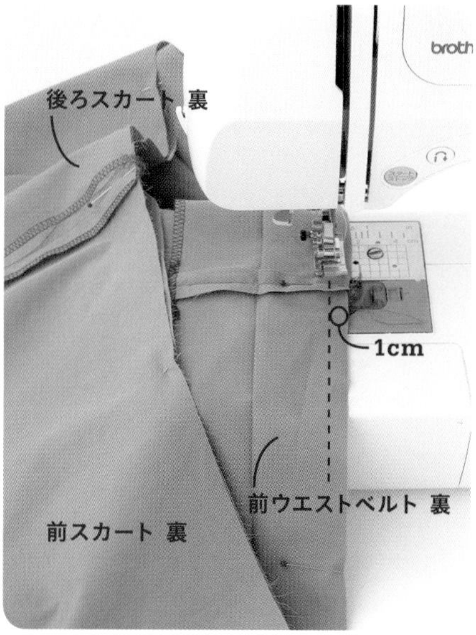

縫い代１cmでぐるりと一周、直線ミシンで縫う。ウエストベルトを上にして縫うほうが縫いやすい。

15

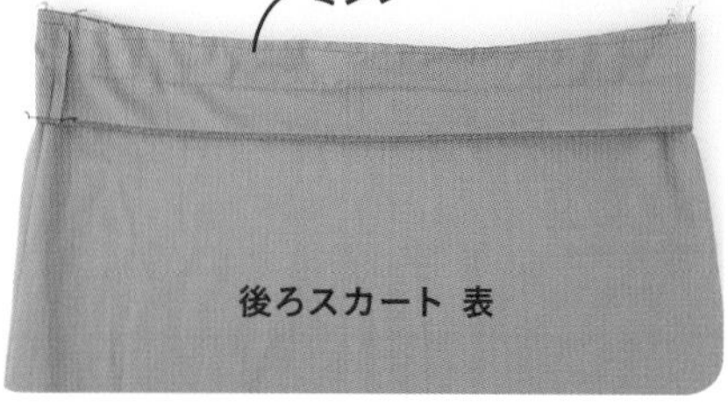

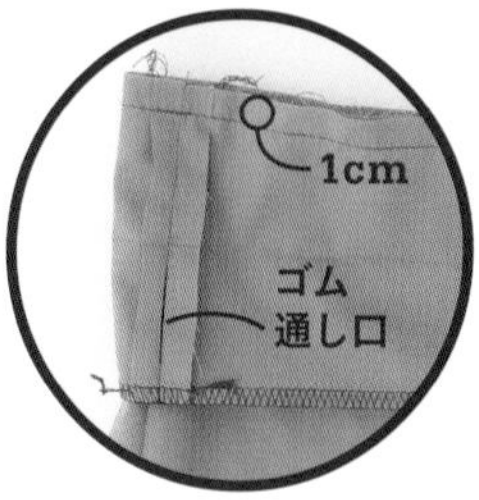

ウエストベルトが縫いつながられた状態。ゴム通し口が下にきていれば正しい。

16

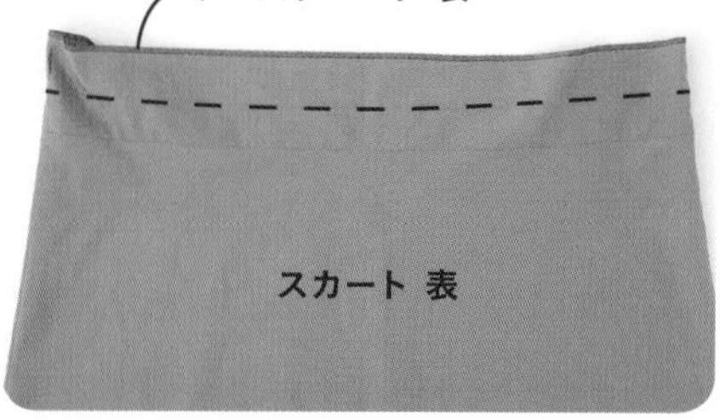

ウエストベルトにアイロンをかけ、縫い目から折り上げる。このとき、08でつけた折り目（点線）を消してしまわないように注意。

17

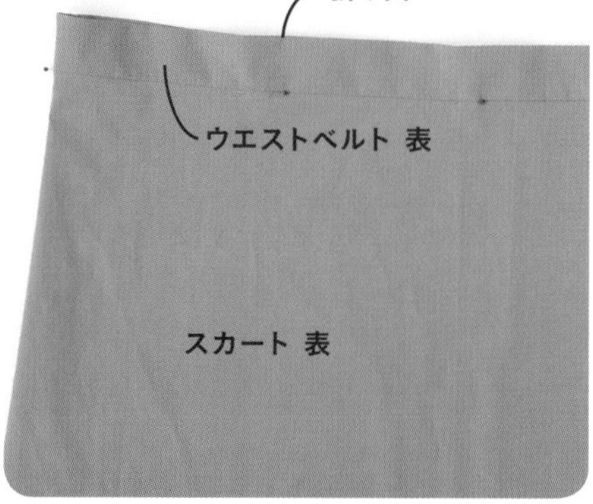

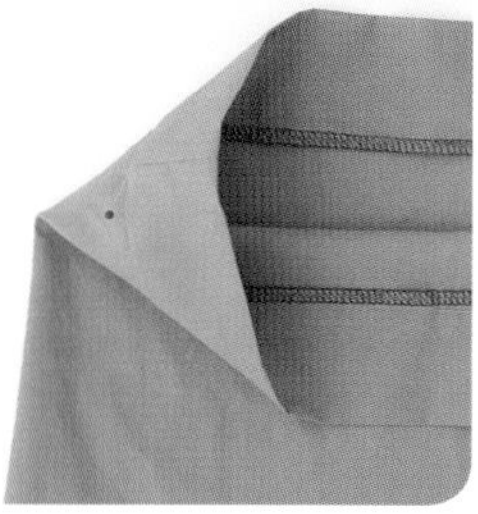

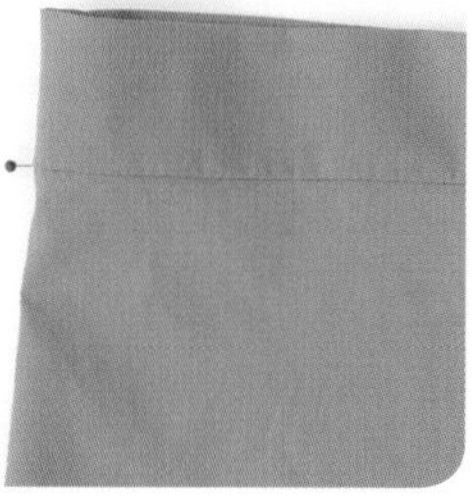

ウエストベルトを08でつけた折り目から折る。表側の縫い目にまち針を刺し、止める。生地がダブつかないように折るのがポイント。

18

直線ミシン

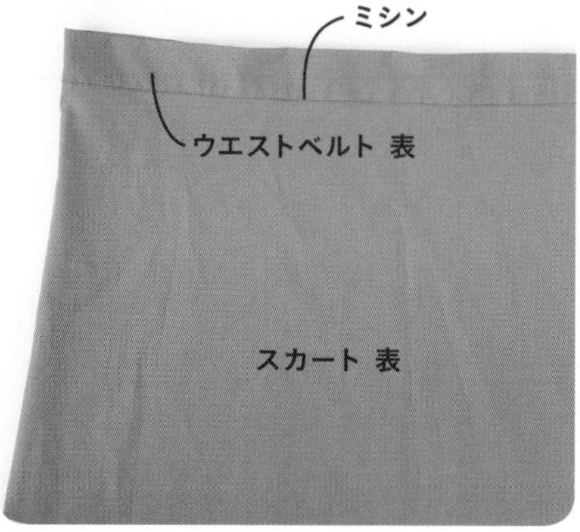

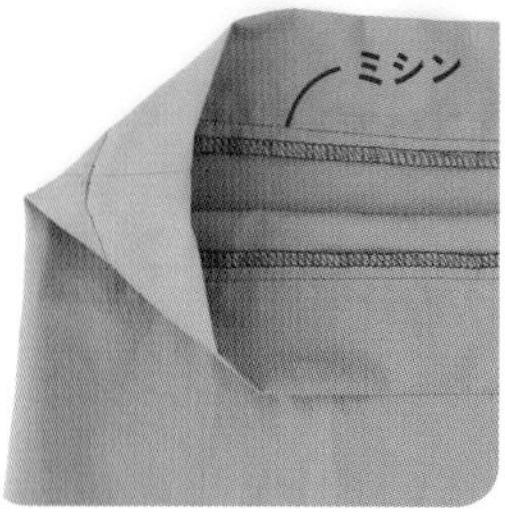

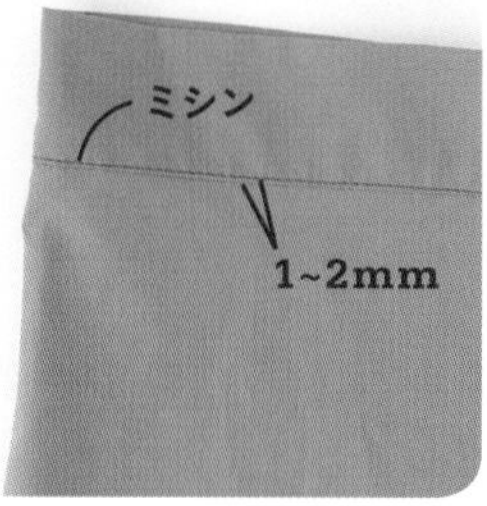

ウエストベルトの縫い目から１～２mm内側を、表側からぐるりと一周、直線ミシンで縫う。これでウエストベルトがついた。

19

変形巻きロック

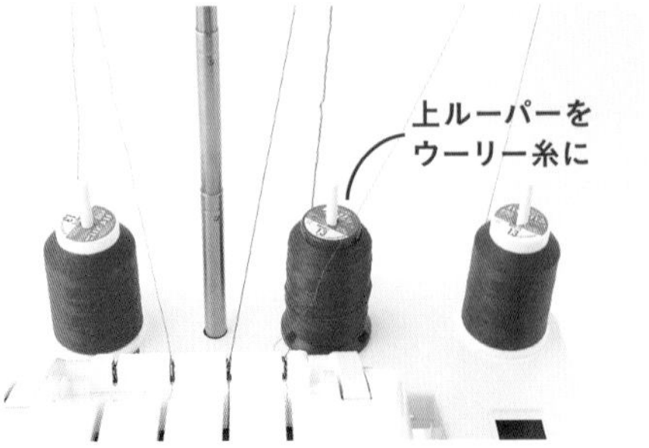

上ルーパーをウーリー糸に交換し、変形巻きロックの設定にする（Q40 参照）。

20

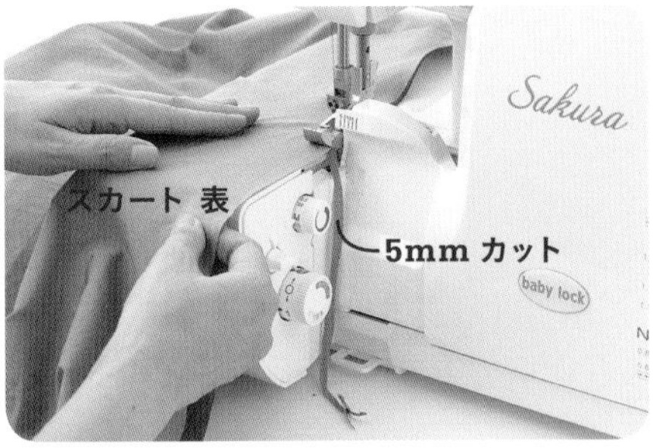

すそを５㎜切り落としながら、変形巻きロックでかがる。

21

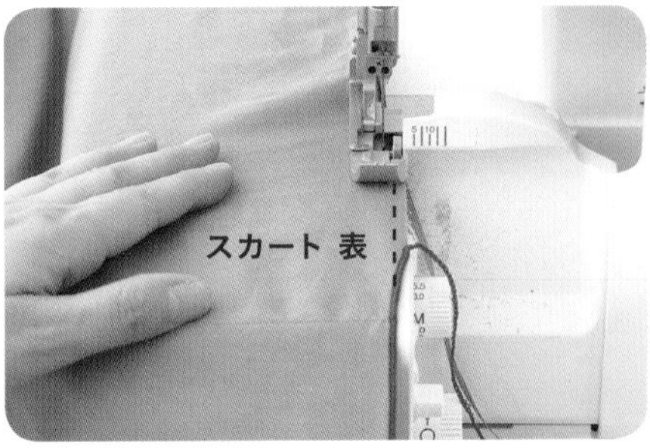

縫い終わりは、縫い始めの縫い目にまっすぐつなげる。詳しくは Q41 参照。

22

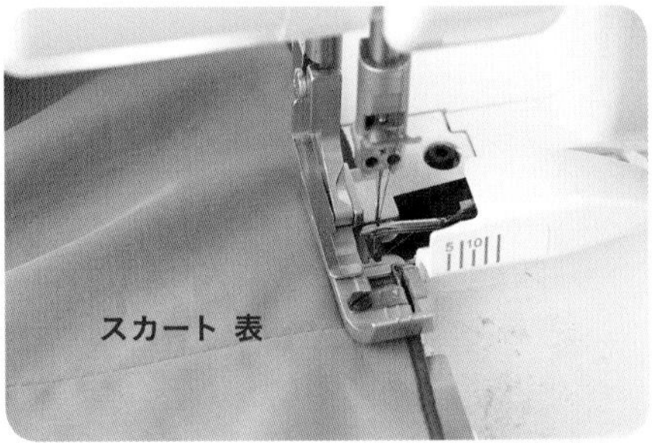

縫い目がまっすぐつながったらメスをロック（解除）し、最後は慎重に縫い目を重ねる（Q41 参照）。最後に空環を長く出し、カットする。

23

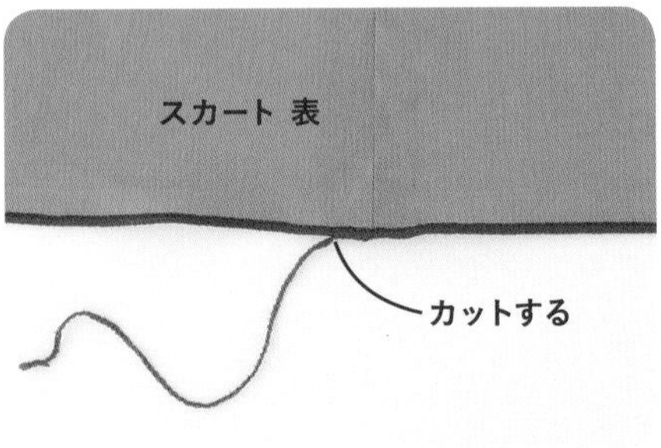

糸端はルーパースレッダーなどで縫い目に通し、カットする（Q42 参照）。これでスカートの縫製は終了。

ゴムを通す

24

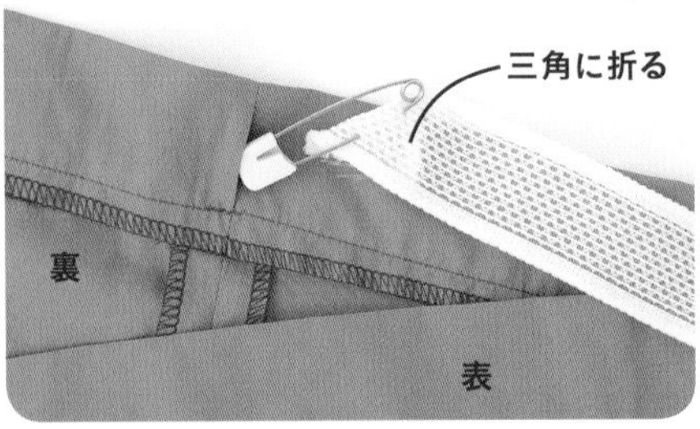

ゴムの先端を三角に折り、安全ピン（先がプラスチック製のものが使いやすい）を止める。先端をゴム通し口から入れる。

25

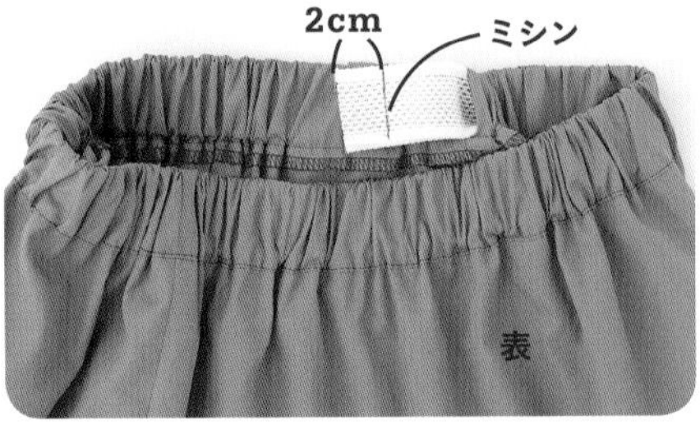

ゴムが通ったら、両端を重ねて直線ミシンで１～２回往復して縫う。ゴムを中に入れ込んで完成。

完成！

すそ巻きロックの軽やかなスカート。ウエストベルトつけも、端かがりをすることでより簡単な作り方になっている。

生地の裁ち方

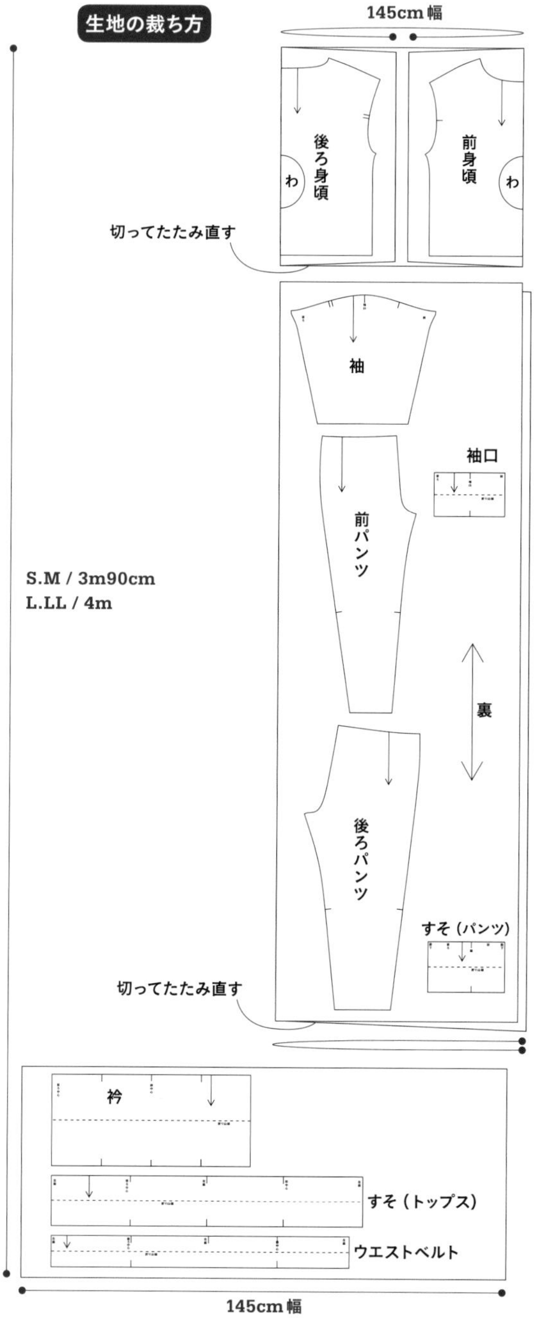

How to make

リラックスウェア

作品は P.70 実物大型紙はトップスが表面、パンツが裏面

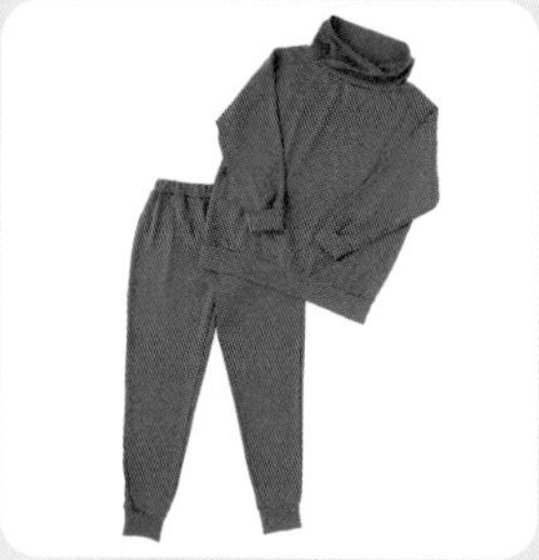

●材料

ポンチニット 145cm幅 ……………S.M 3m90cm
（レーヨンストレッチポンチ／ソールパーノ） L.LL 4m

ウーリースピンテープ……………適宜
（なければ伸び止めテープ・9mm幅）

ウエストゴム 3cm幅…………S 68cm ／ M 72cm
L 76cm ／ LL 80cm

糸
ロックミシン用スパン糸 60番、90番……各2巻
（縫い合わせ用、生地と同系色）

直線ミシン用ニット用糸 ……………………適宜
（レジロンなど。生地と同系色）

●仕上がりサイズ

<オフタートルトップス>
バスト S 114 ／ M 117 ／ L 120 ／ LL 123cm
着丈 S 66.5 ／ M 67.5 ／ L 68.5 ／ LL 68.5cm

<ジョガーパンツ>
ウエスト（ゴム上がり）S 64／M 68／L 72／LL 76cm
丈 S 91.5 ／ M 93 ／ L 96 ／ LL 97.5cm

●Point

初心者は伸びすぎず、丸まらないポンチニットがおすすめ。慣れてきたら裏毛＋スパンリブなどで作ってもいい。

オフタートルトップス

01

縫い代つき実物大型紙から写しとって型紙を作り、生地を裁断し、印をつける（P.88 参照）。パーツは前後身頃、衿、袖、袖口、すその合計6つ。

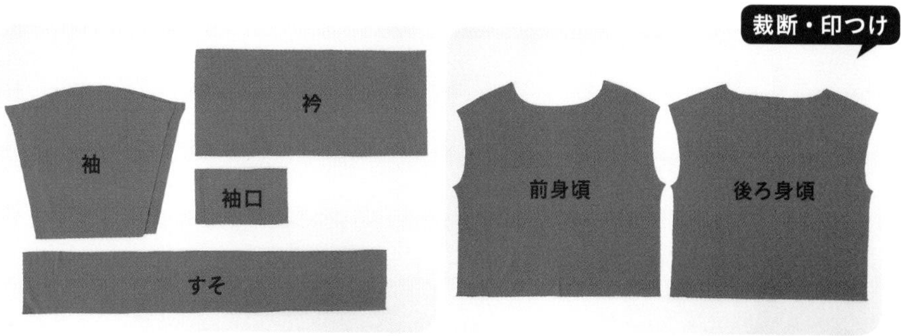

肩を縫う

02

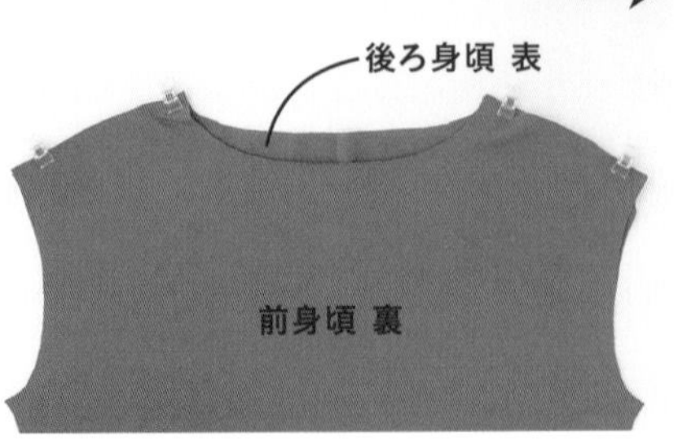

前身頃と後ろ身頃を中表に合わせ、肩の生地端をそろえてクリップで止める。

03

4本
ロック

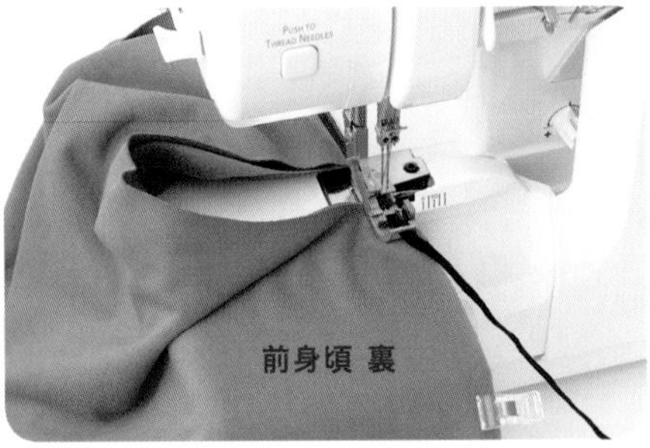

ウーリースピンテープを通したバルキー押さえをセットし、４本ロックで2.5㎜切り落としながら肩を縫い合わせる（Q27、Q36参照）。

04

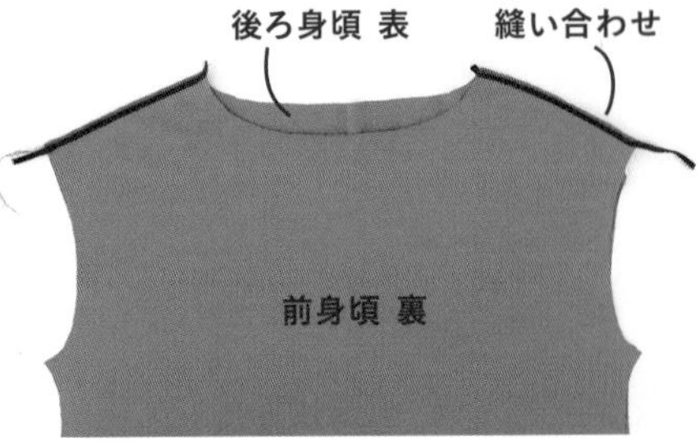

縫い合わせながらウーリースピンテープも縫い込まれている。ウーリースピンテープは表から透けない色を選んで。

衿、袖口、すそを作る

05

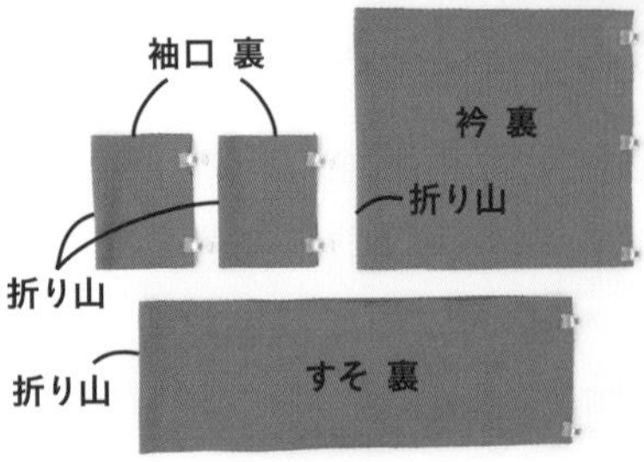

衿、袖口、すその作り方はほぼ同じ。それぞれ中表になるように二つ折りにし、生地端をそろえてクリップで止める。

06

4本
ロック

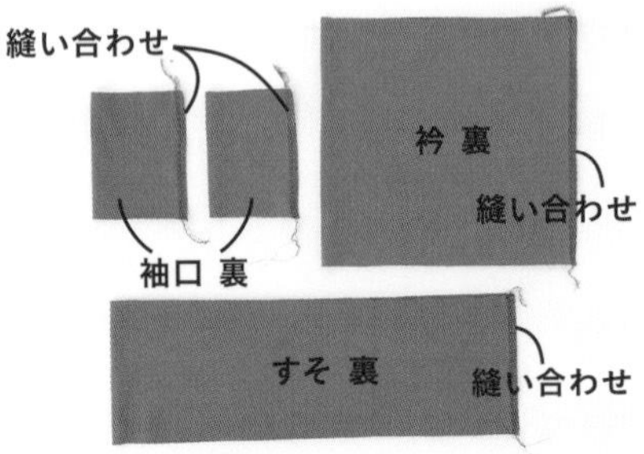

４本ロックで2.5㎜切り落としながら縫い合わせ、輪状にする。

07

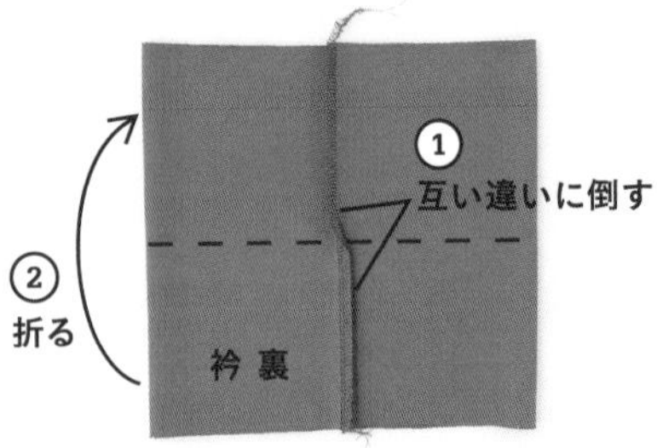

縫い代は折り山線を境にして互い違いに倒す。アイロンをかけるとやりやすい。

08

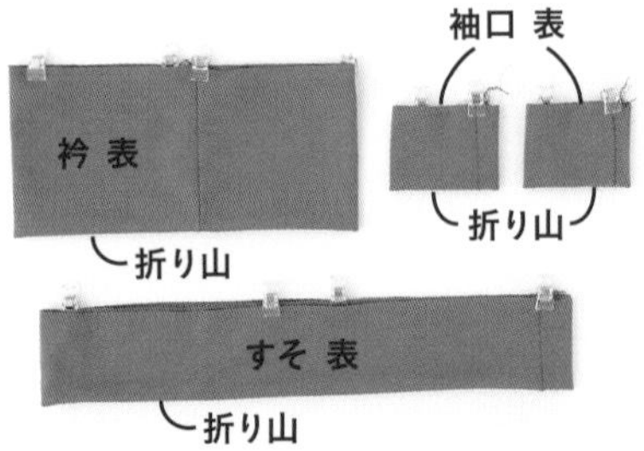

折り山線から二つ折りにし、生地端をそろえてクリップで止めておく。こうするとある程度クセづいて落ち着く。

衿をつける

09

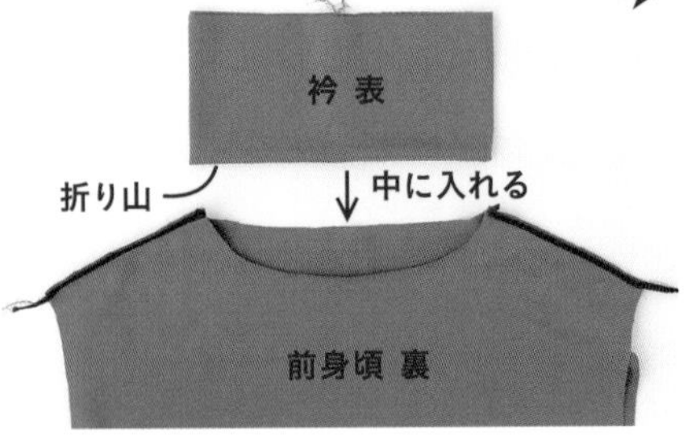

最初に衿をつける。衿の折り山を下にした逆さの状態で、身頃の中に入れる。身頃は裏返しになっている状態でいい。

10

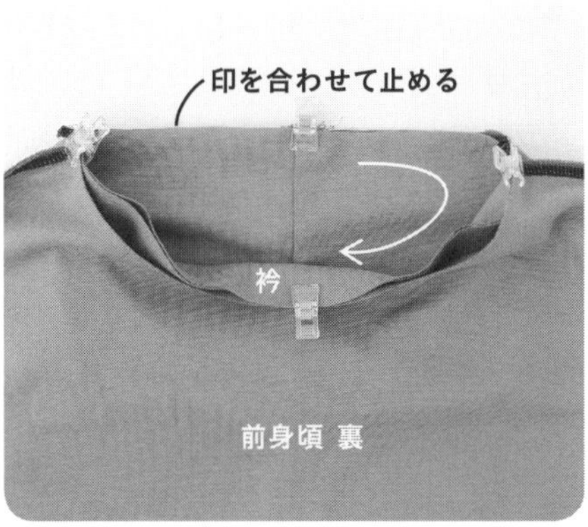

衿２枚と身頃の衿ぐり１枚の、合計３枚の生地端をそろえ、合印を合わせてクリップで止める。寸法が合わないが、衿が少し足りない状態で正しい。

11

4本
ロック

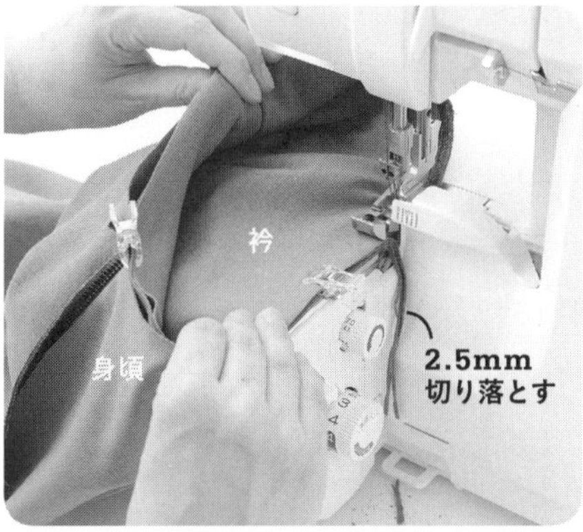

ミシンにセットし、衿側からぐるりと一周４本ロックで縫い合わせる。切り落とし幅は通常の2.5mmで、差動1.5に設定。詳しくはQ35参照。

12

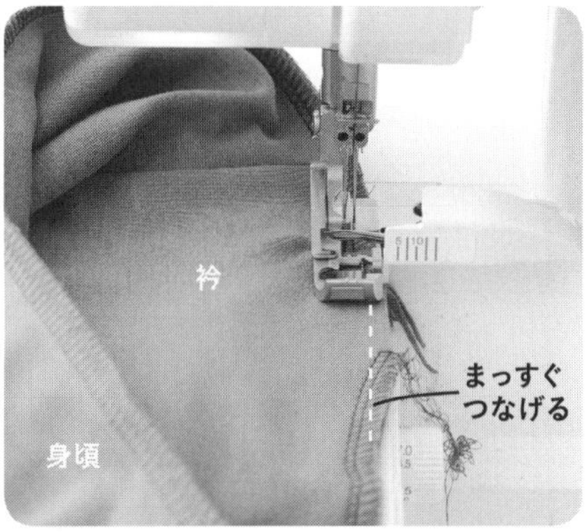

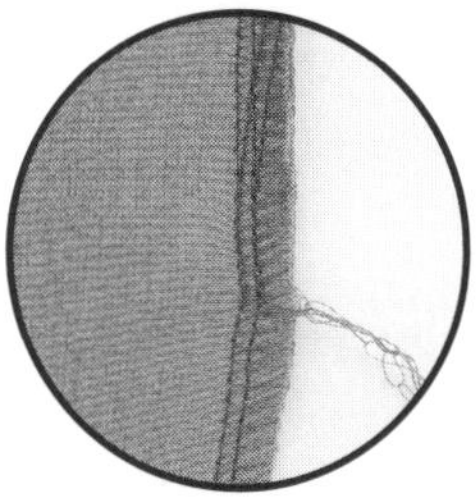

縫い始めの縫い目にまっすぐつなげ、つながったらメスをロック（解除）し、1～2㎝重ねて縫う（Q35参照）。空環を長めに出してカットする。

13

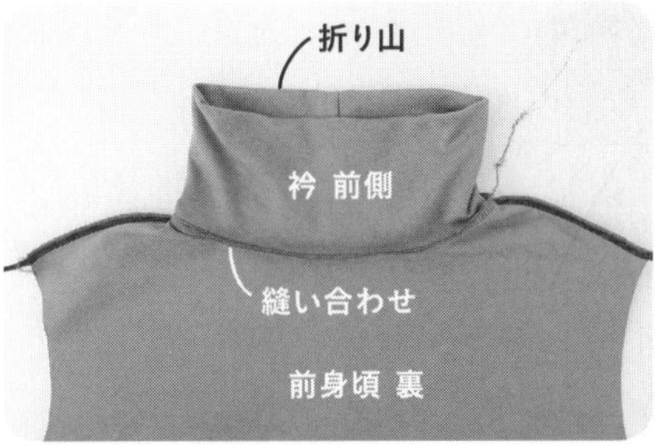

衿がついたところ。衿の折り山を上にあげると、タートルネックになっていることがよくわかる。

袖をつける

14

4本
ロック

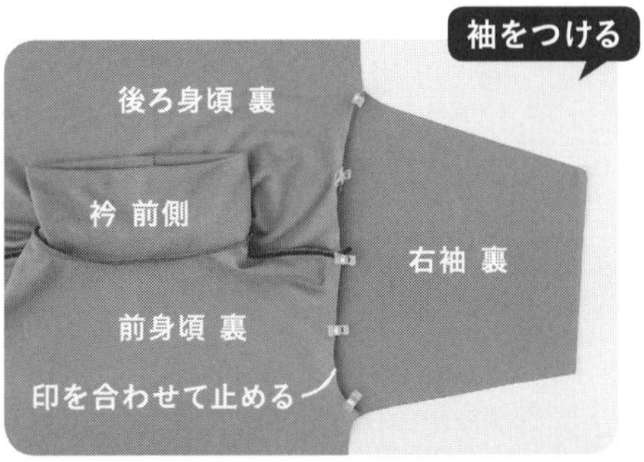

前後身頃を広げ、袖を中表に合わせて生地端をそろえ、クリップで止める。このとき袖山、合印を合わせる。袖の前後を間違わないように注意。

15

4本
ロック

袖側を上にして、４本ロックで2.5mm切り落としながら縫い合わせる。もう片方の袖も同じように縫い合わせる。

袖下～脇を縫う

16

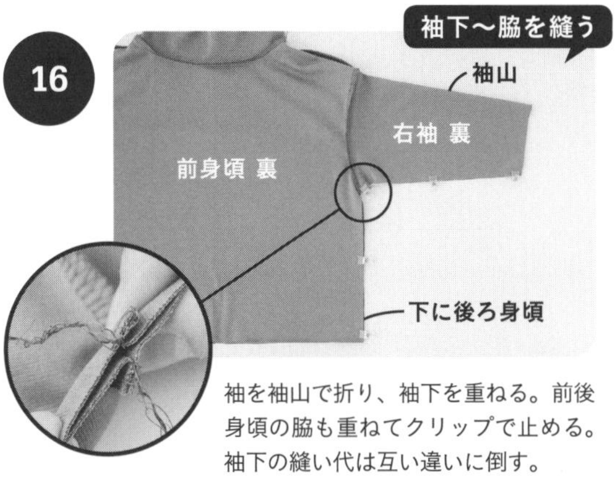

袖を袖山で折り、袖下を重ねる。前後身頃の脇も重ねてクリップで止める。袖下の縫い代は互い違いに倒す。

17

4本
ロック

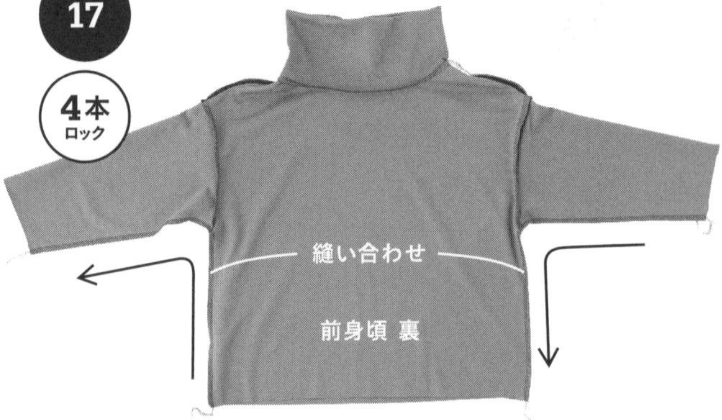

袖下、身頃脇を続けて、4本ロックで2.5mm切り落としながら縫う。前身頃側が表目になるよう、右側は袖口から縫い始める。

袖口をつける

18

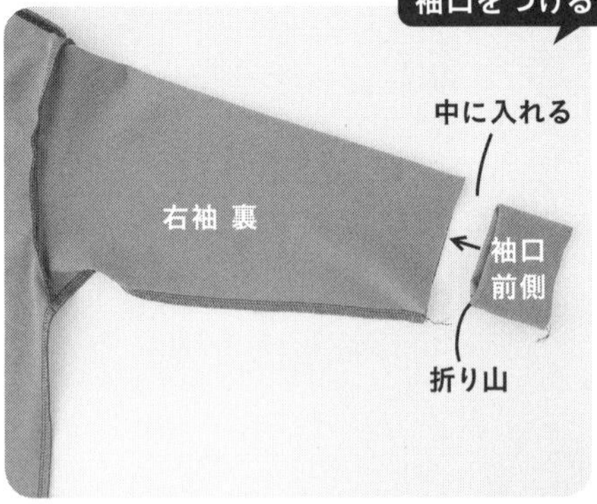

袖口の折り山を上にした逆さの状態で、身頃の中に入れる。袖は裏返しになっている状態でいい。

19

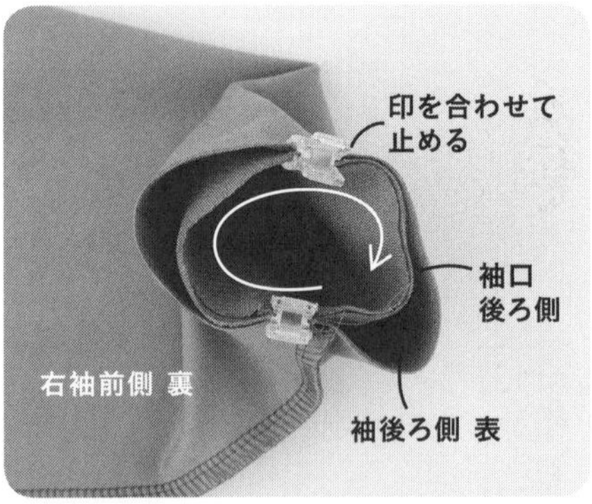

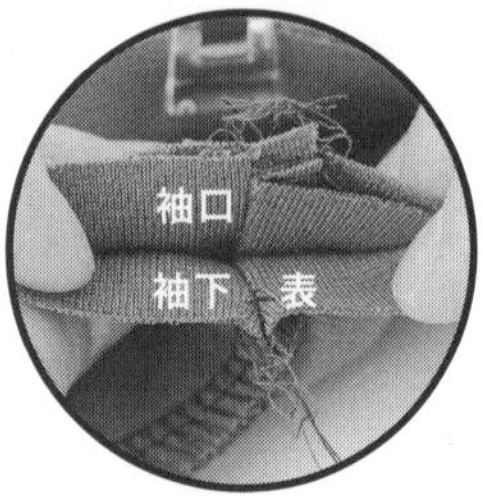

袖口2枚と袖1枚の、合計3枚の生地端をそろえ、合印を合わせてクリップで止める。袖口と袖下の縫い目もできるだけぴったり合わせて。袖口の寸法が少し足りない状態でかまわない。

20

4本
ロック

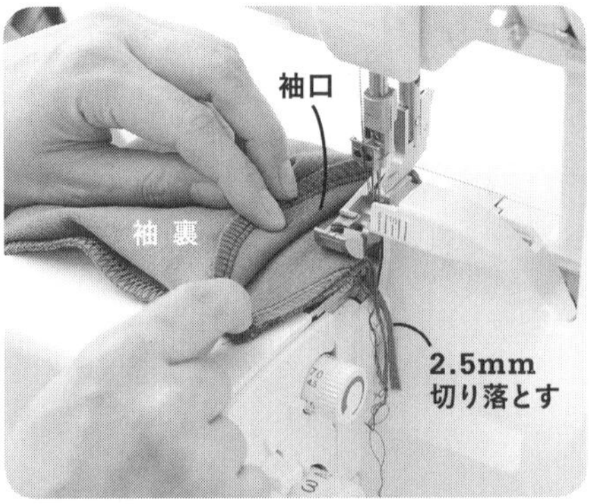

ミシンにセットし、袖口側からぐるりと一周4本ロックで縫い合わせる。切り落とし幅は通常の2.5mmで、差動2に設定。詳しくはQ35参照。

21

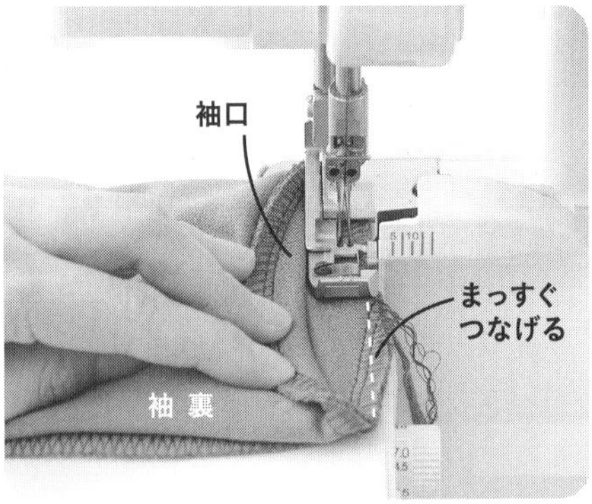

縫い始めの縫い目にまっすぐつなげる。つながったらメスをロック（解除）し、1〜2cm重ねて縫う（Q35参照）。最後に空環を長めに出してカット。

22

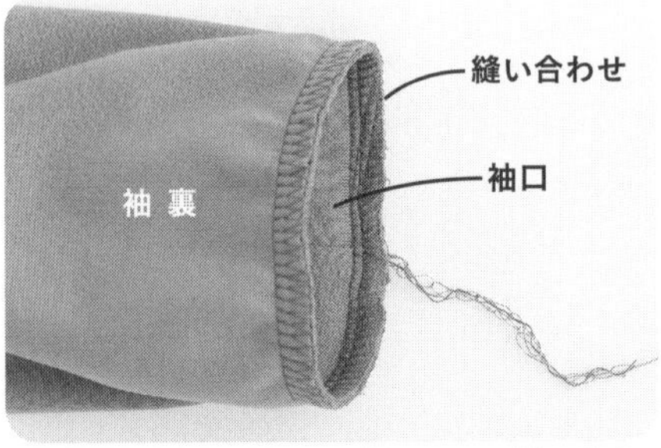

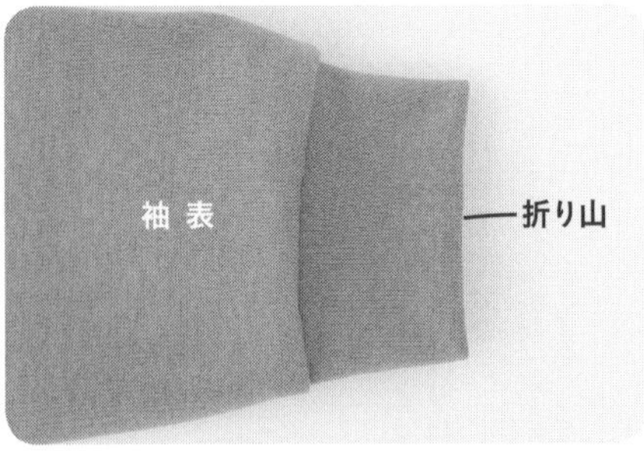

縫い上がり。袖口を伸ばして表側から見ると、袖が均等に縮められてきれいな仕上がり。

23

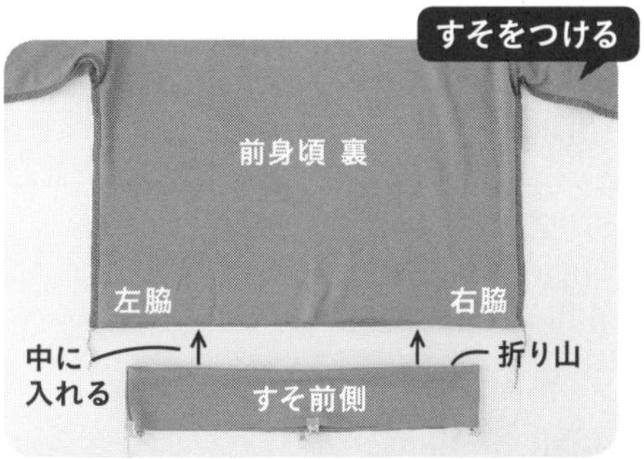

すその折り山を上にした逆さの状態で、身頃の中に入れる。身頃は裏返しになっている状態でいい。

24

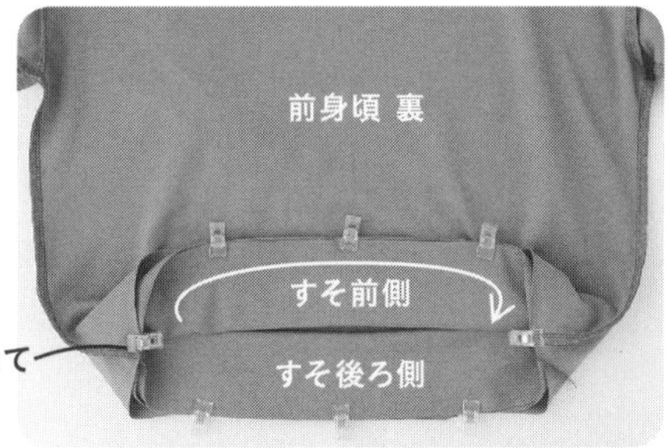

すそ２枚と身頃のすそ１枚の合計３枚の生地端をそろえ、脇と中心の合印を合わせてクリップで止める。クリップ間の中心にもうひとつずつ止める。

25

4本
ロック

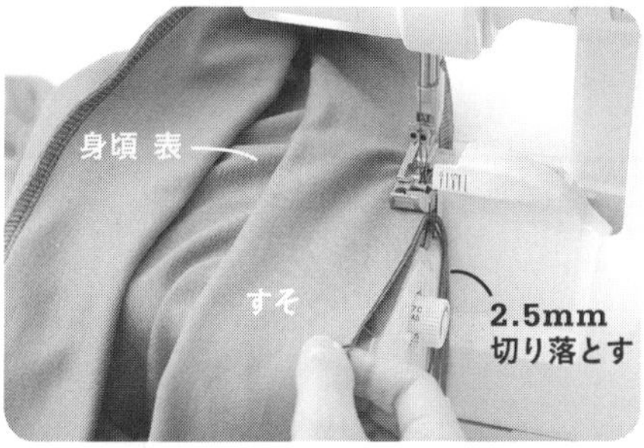

ミシンにセットし、すそ側からぐるりと一周４本ロックで縫い合わせる。切り落とし幅は通常の2.5㎜で、差動1.5に設定。詳しくはQ35参照。

26

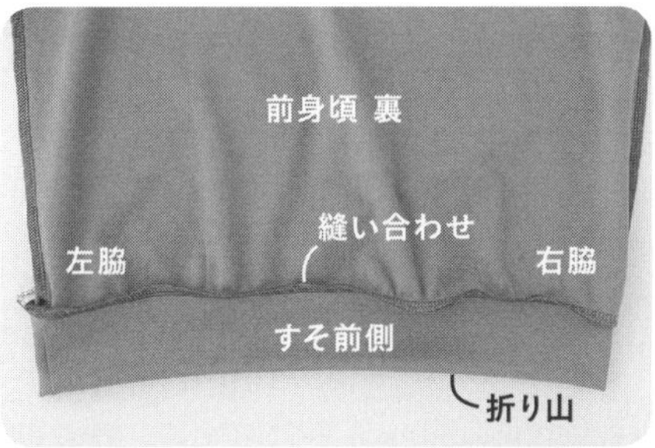

すそを下に伸ばすと、こんな感じで縫い合わせられている。差動をかけているので、身頃に均等にシワが寄り、差寸がきれいに解消されている。

27

糸端が残っているところをとじ針を使って始末。縫い合わせた生地の中に入れられるので、完全に隠れて見えなくなる（Q38参照）。

完成！

ゆるっと着られるトップスはシーズンを通して重宝。衿、袖、すそはすべて同じ縫い方だから、慣れたら簡単！

04

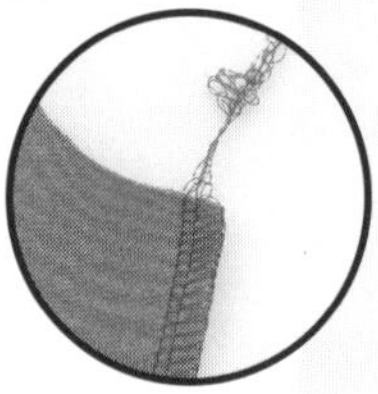

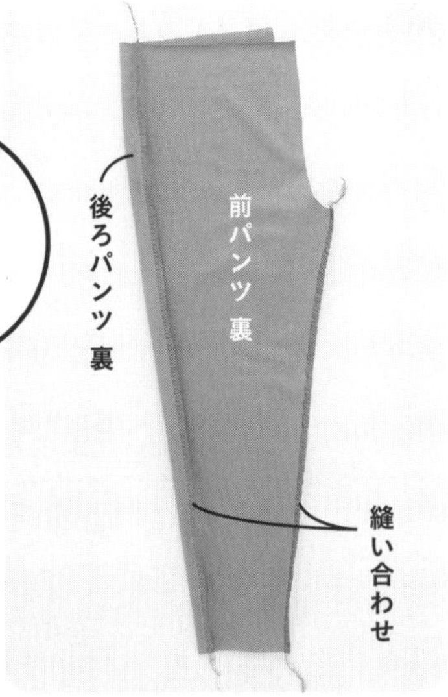

前パンツより後ろパンツのほうが広いが、型紙がこうなっているので大丈夫。前パンツ側に表目がくるように縫う方向を考えて縫い合わせる。

05

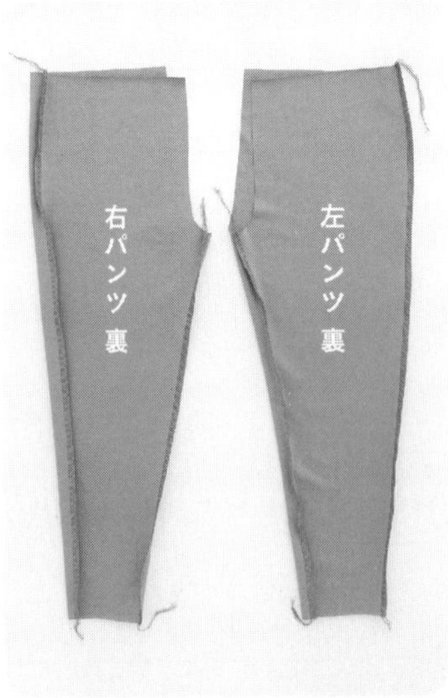

残りの前後パンツも同じように縫い合わせる。

06

股上を縫う

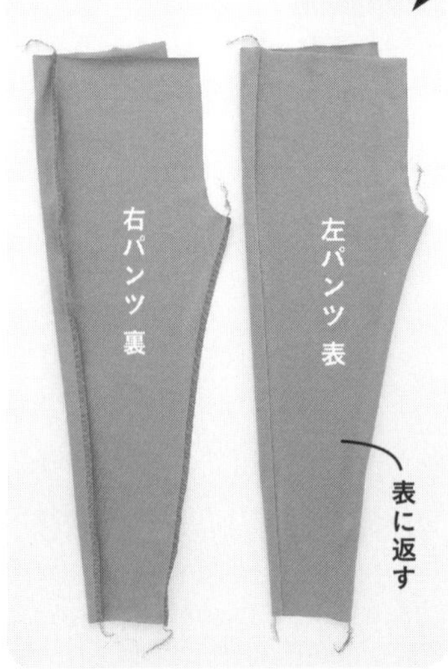

左パンツを表に返す。右パンツでもかまわない。どちらか片方を表に返せばいい。

ジョガーパンツ

01

裁断・印つけ

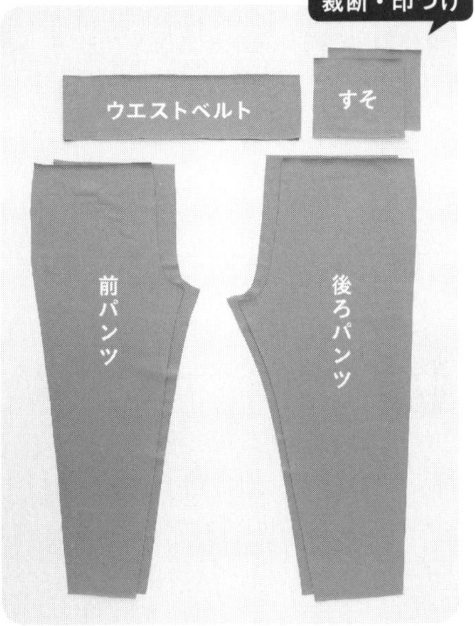

縫い代つき実物大型紙から写しとって型紙を作り、生地を裁断し、印をつける（P.88 参照）。パーツは前後パンツ、ウエストベルト、すその合計4つ。

02

脇と股下を縫う

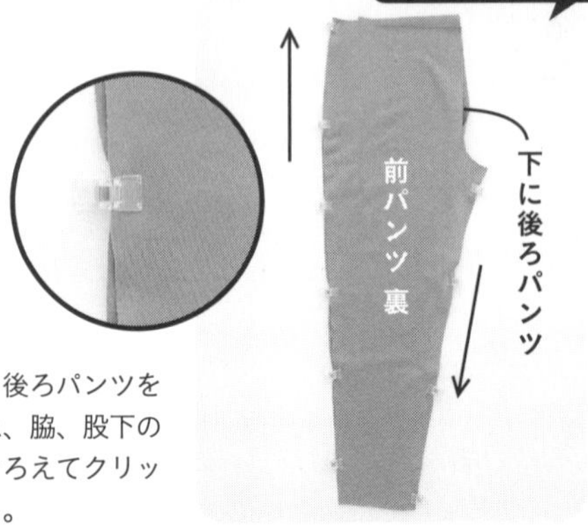

前パンツと後ろパンツを中表に重ね、脇、股下の生地端をそろえてクリップで止める。

03

4本 ロック

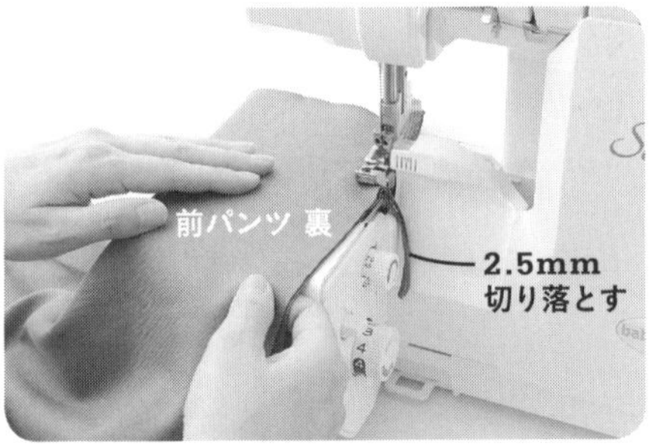

前パンツ側から4本ロックで 2.5㎜切り落としながら縫い合わせる。

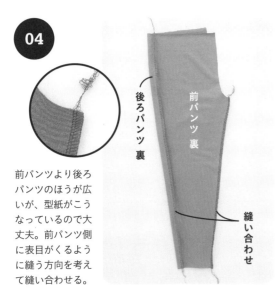

07

表に返した左パンツをもう片方の右パンツの中に上から入れる。股上の位置を合わせて入れる。

08

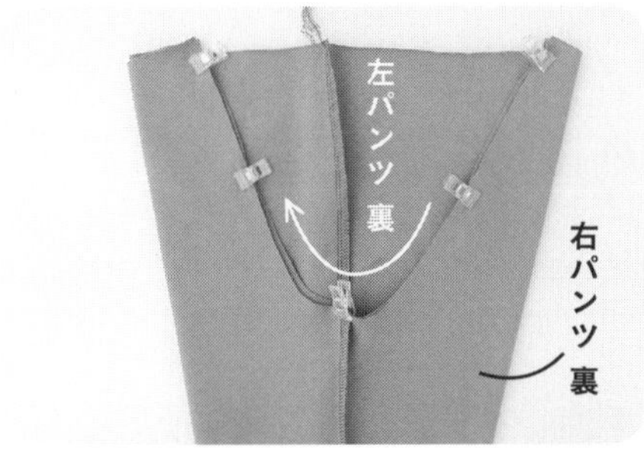

股上をぴったり重ね、生地端をそろえてクリップで止める。

09

4本
ロック

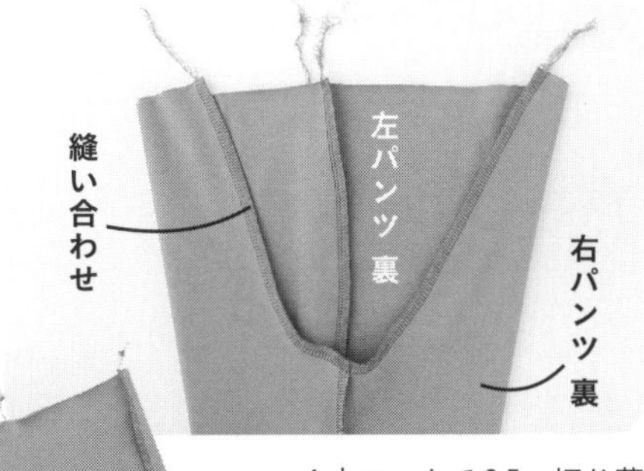

4本ロックで2.5㎜切り落としながら縫い合わせる(Q10参照)。股下の縫い代は互い違いにする。縫っているうちはよくわからなくても、中に入れた左パンツを出すと、もうパンツの形に！

ウエストベルトを作る

10

ウエストベルトを中表になるように二つ折りにし、生地端をそろえてクリップで止める。

11

直線
ミシン

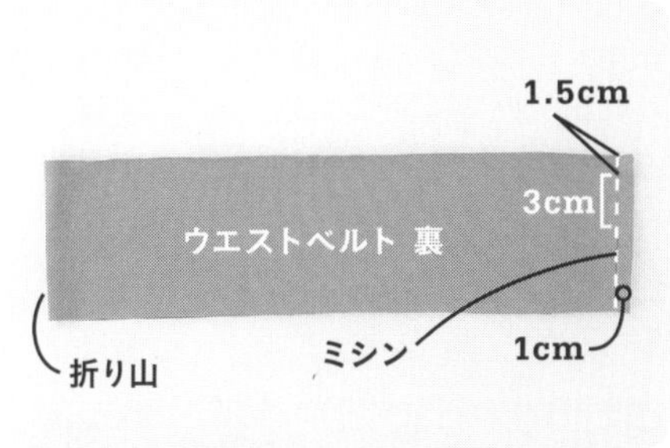

直線ミシンで、縫い代1cmで縫う。このときゴム通し口は縫わずに開けておく。直線ミシンを使うのはここだけ。

12

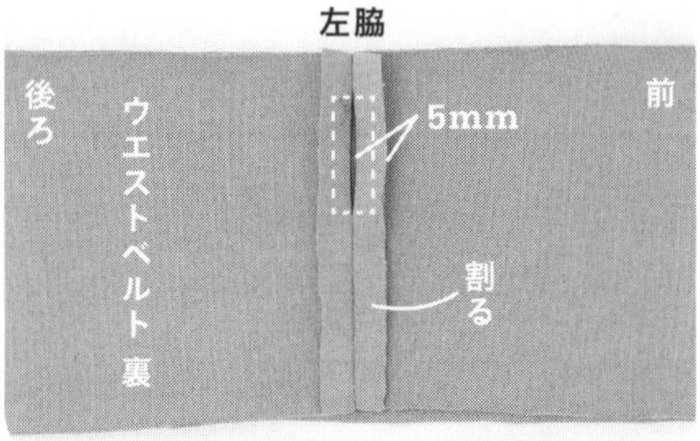

縫い代をアイロンで割る。縫い残した部分も同じように割る。やわらかい生地や丸まる生地は、点線のように周囲を縫うとゴム通しがしやすい。

13

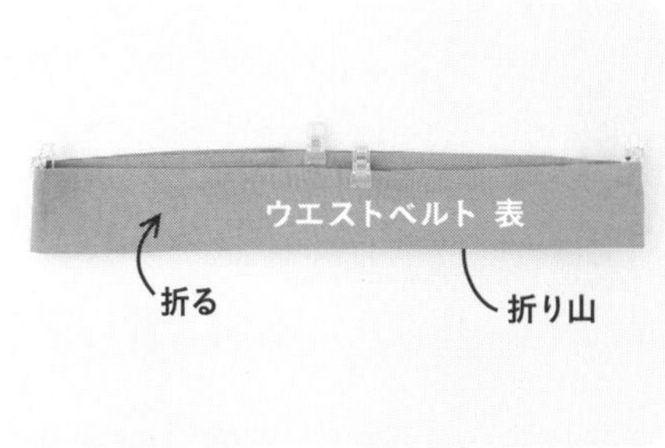

ウエストベルトの幅を二つ折りにする。アイロンは使わなくていい。生地端をそろえてクリップで止めておく。

ウエストベルトをつける

14

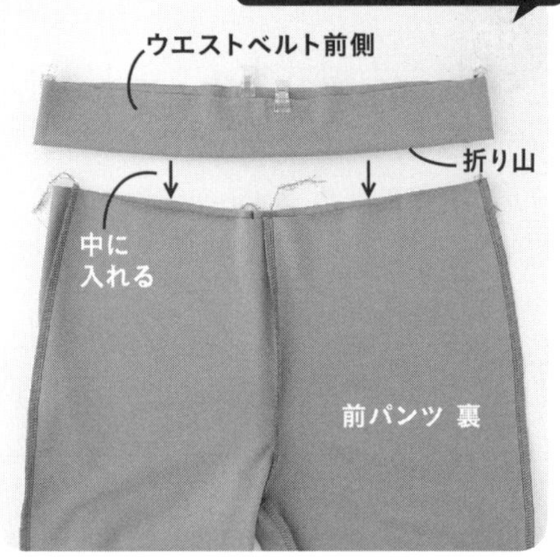

ウエストベルトの折り山を下にした逆さの状態で、パンツの中に入れる。パンツは裏返しになっている状態でいい。

15

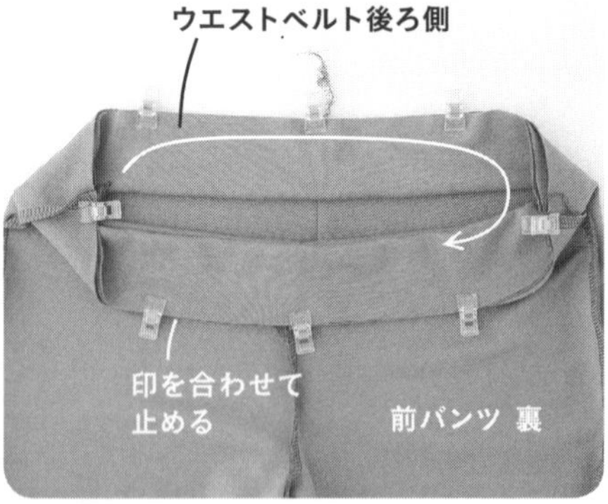

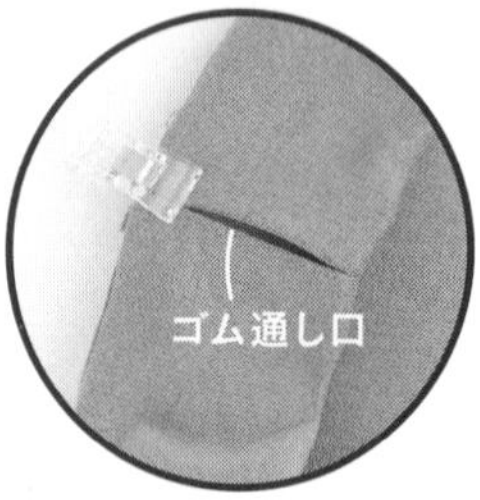

ウエストベルト２枚とパンツのウエスト部分１枚の合計３枚の生地端をそろえ、脇と中心を合わせて数か所クリップで止める。ゴム通し口は左脇に合わせる。

16

4本
ロック

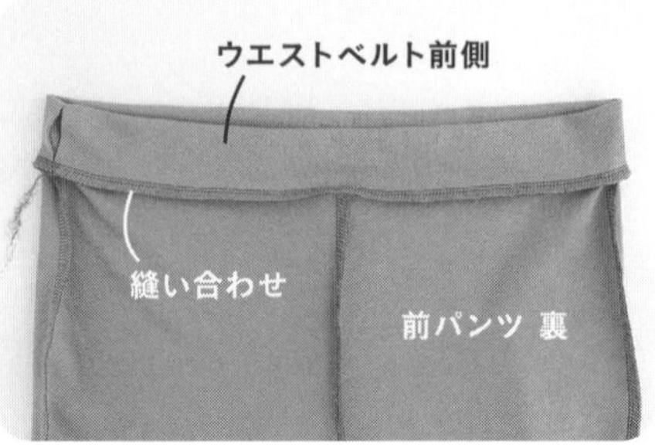

ミシンにセットし、ウエストベルト側からぐるりと一周４本ロックで縫い合わせる。切り落とし幅は通常の2.5㎜で差動はなし。詳しくはQ35参照。

すそを作る

17

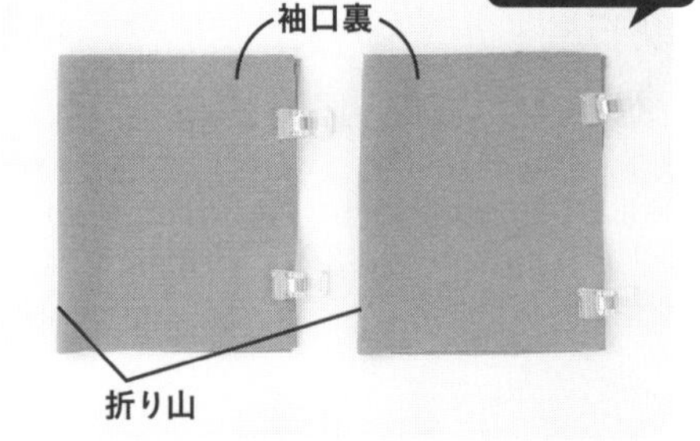

すそを中表になるように二つ折りにし、生地端をそろえてクリップで止める。

18

4本
ロック

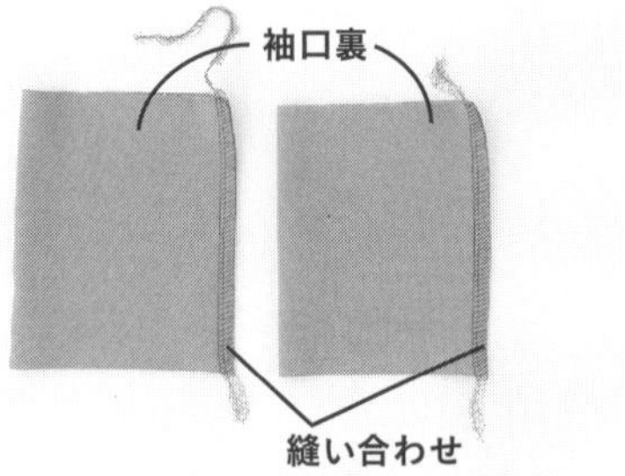

４本ロックで2.5㎜切り落としながら縫い合わせ、輪状にする。

19

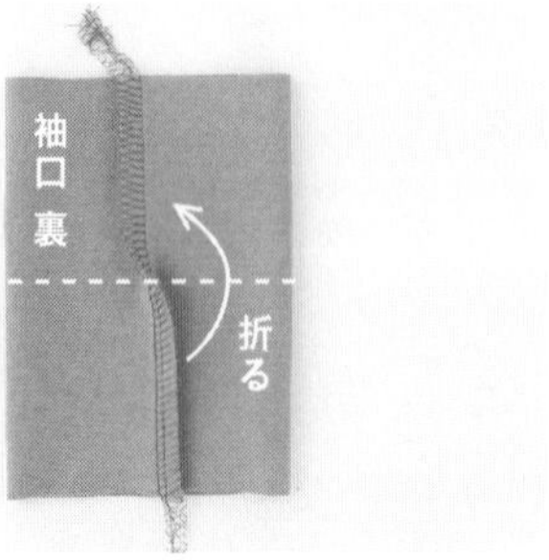

縫い代は折り山線を境にして互い違いに倒す。
アイロンをかけるとやりやすい。

すそをつける

20

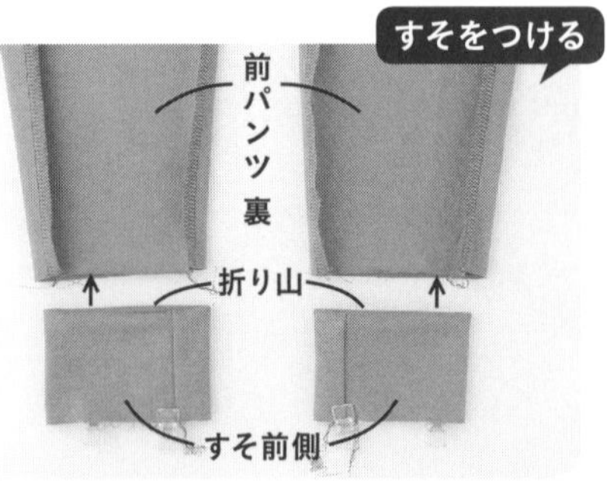

すその折り山を上にした逆さの状態で、パンツの中に入れる。パンツは裏返しになっている状態でいい。

21

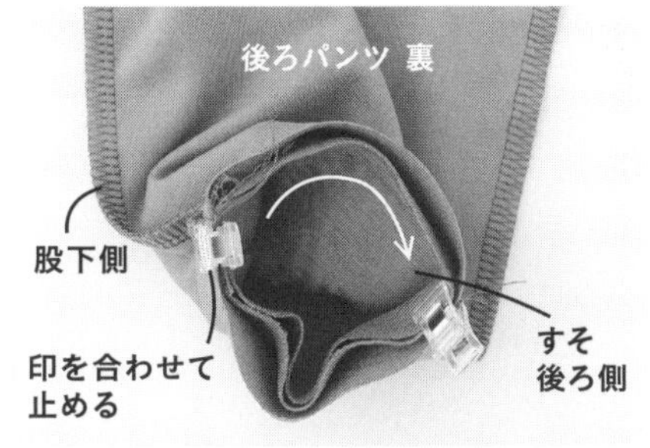

すそ2枚とパンツ1枚の、合計3枚の生地端をそろえ、合印を合わせてクリップで止める。すその縫い目はパンツの股下側の縫い目に合わせる。

22

4本
ロック

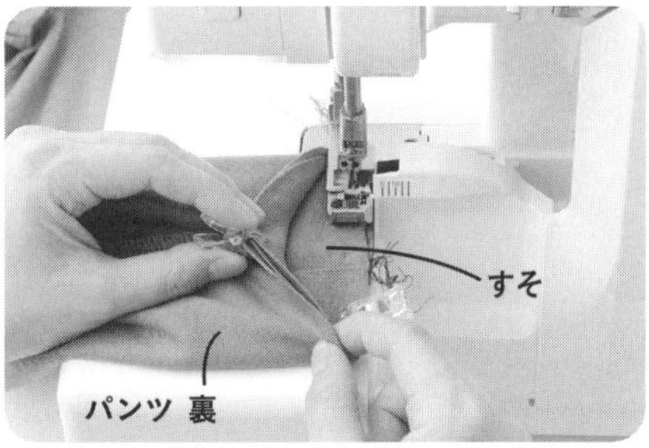

ミシンにセットし、すそ側からぐるりと一周4本ロックで縫い合わせる。切り落とし幅は通常の2.5mmで、差動2に設定。詳しくはQ35参照。

23

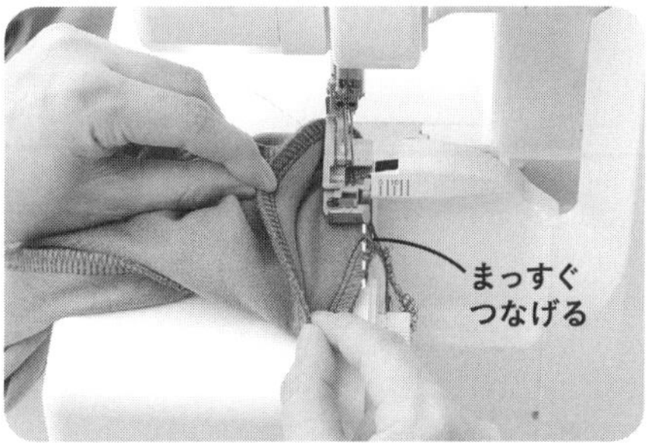

縫い始めの縫い目にまっすぐつなげる。詳しくはQ35参照。最後に空環を長めに出してカットする。

24

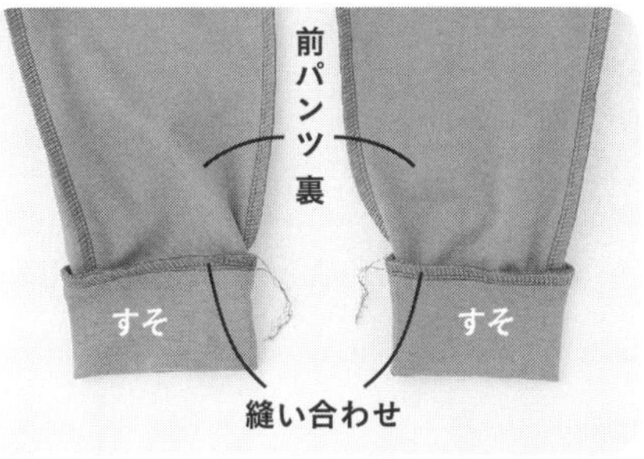

細いすそを縫い合わせる場合でも、差動をかけて縫うので引っ張る必要がなくラク。すそを伸ばして見ると、均等に縮められてきれいな仕上がり。

25

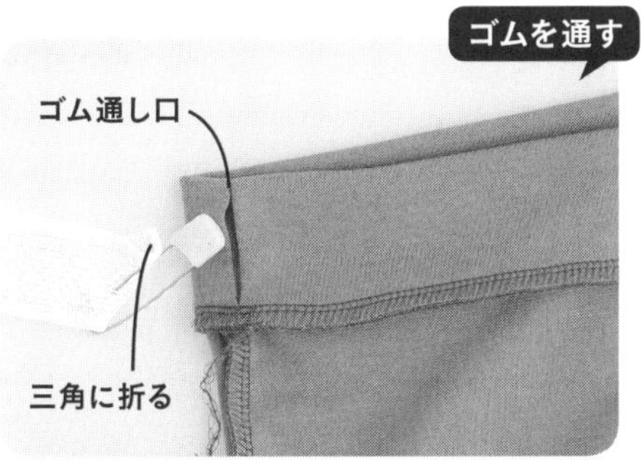

ゴムの先端を三角に折り、安全ピン（先がプラスチック製のものが使いやすい）を止める。先端をゴム通し口から入れる。

26

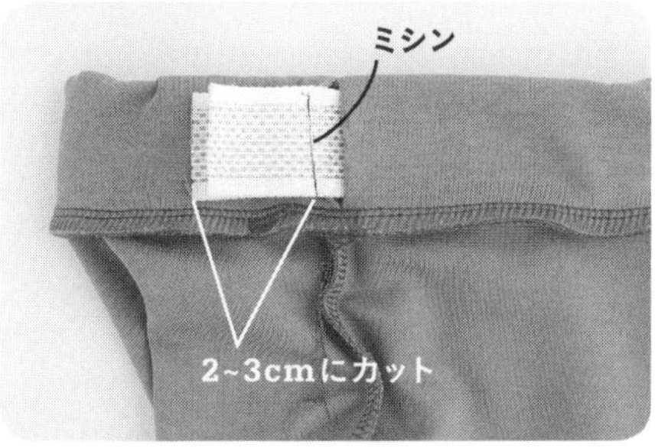

ゴムが通ったら、両端を重ねて直線ミシンで1〜2回往復して縫う。ゴムを中に入れ込んで完成。

完成！

まるで市販品みたいなニットパンツが作れてうれしさ倍増！　すそに向かってのシャープなテーパードラインで、すっきり着こなせる。

作り始める前に

作品を作り始める前に必要な作業について、知っておきたいことをまとめました。

	S	M	L	LL
バスト	72~80	82~90	92~100	102~108
ウエスト	58~66	66~70	70~74	74~82
ヒップ	82~90	88~96	94~102	100~108

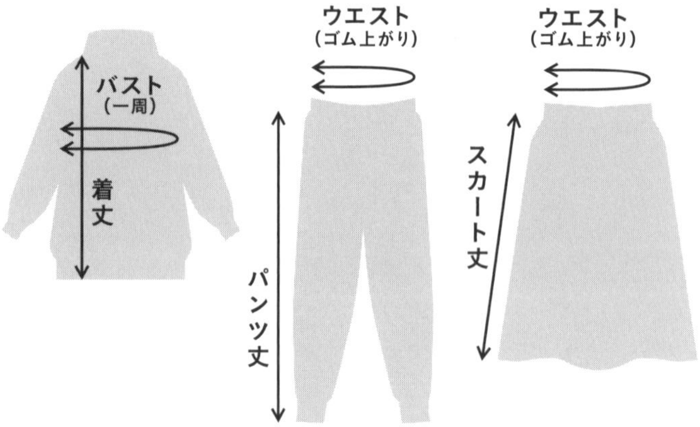

本書の作品の型紙は、didit sewing のサイトで購入することもできます。
https://diditsewing.com

サイズ選び

この本で紹介している洋服の作品はレディースのS、M、L、LLの4サイズです。号数に換算すると、7号、9号、11号、13号と考えてください。

左記の表に対応するヌードサイズをまとめていますので、参考にしてください。

なお、ウエストはゴム仕様なので、ゴムの長さで多少調節が可能です。

出来上がり寸法

各アイテムの作り方ページに出来上がりの寸法を載せています。どんなシルエットやゆるみで着たいかは人それぞれ好みがあります。手持ちのアイテムと比べてみると、希望に近いサイズを選ぶヒントになります。上にあるヌードサイズと考え合わせて選んでください。

型紙作り

本書に付属の実物大型紙を利用して作ります。縫い代は含まれているので、つける必要はありません。作りたいアイテムの型紙にハトロン紙や模造紙を重ね、写しとってください。このとき、地の目線（→）や合印もすべて忘れずに。分割されているパーツもあるので、◎の印ができるようにつき合わせて写します。型紙にはパーツ名、サイズを書いておくとわかりやすいでしょう。

生地の裁ち方

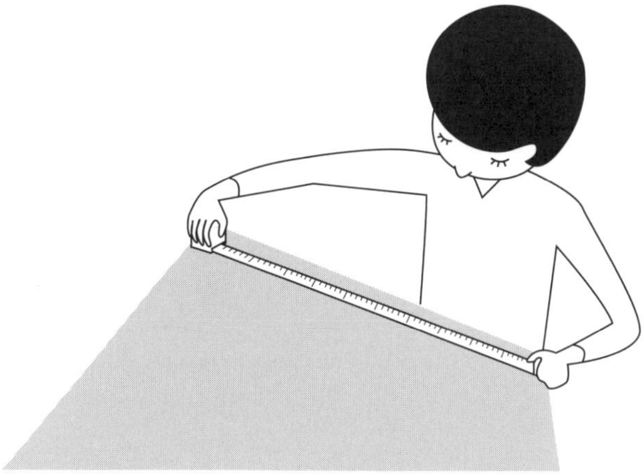

作品の作り方ページに、本書掲載の作品と同じ生地を使った場合の裁ち方が載っています。

使う生地の幅が違ったり、チェックなどの柄合わせが必要な場合は、配置が換わったり、用尺が増えることもあるので注意してください。必ず生地幅を確認してから購入し、裁断する前にも型紙を配置してみてください。

裁断と合印のつけ方

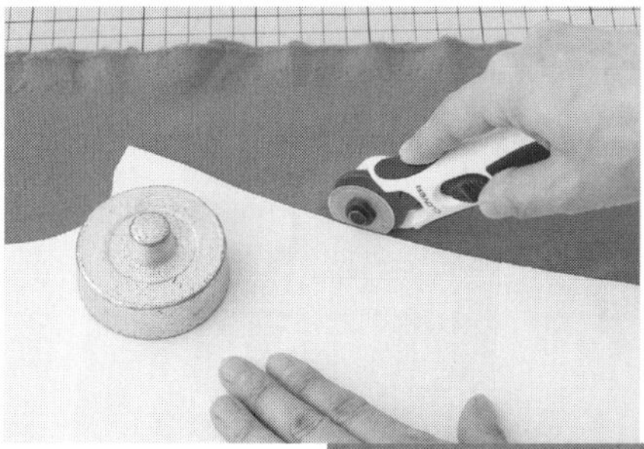

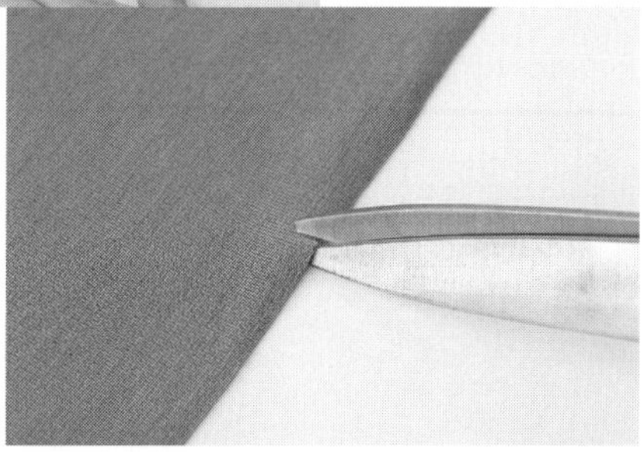

生地の裁断は、初心者さんにはロータリーカッターがおすすめです。大きなカッターマットも必要になりますが、買って損はありません（Q45参照）。

カッターマットの上に生地を広げ、型紙を配置したら、重しを置いて型紙のきわギリギリを切っていきます。中心、合印の位置には、縫い代に2～3㎜の切り込み（ノッチ）を入れておきます。なお、ノッチはロータリーカッターで入れると切りすぎることが多いので、はさみを使ってください。

ロックミシンの設定

ニット生地は
試し縫いが大事
裁断後の残布、
すぐ捨てちゃ
ダメだね

ロックミシンを使う場合の設定は各プロセスで指定しています。ロックミシンの機種や、生地の厚みや伸びやすさによって変えたほうがいい場合もあるので、必ず試し縫いを。調節が必要な場合は、本書の内容を参考にしてください。

Q44 メンテナンスはどうすればいい？

ふだんは…ホコリをとる！

ロックミシンは切りながら縫うので、切りくずが多く出ます。特にメス回りは気づけばホコリだらけに。生地も汚れるし、ミシンの調子にも影響するので、ホコリとりは習慣に。付属の掃除用ブラシでホコリを払い、それを掃除機で吸いとればOKです。

ブラシ＋掃除機で

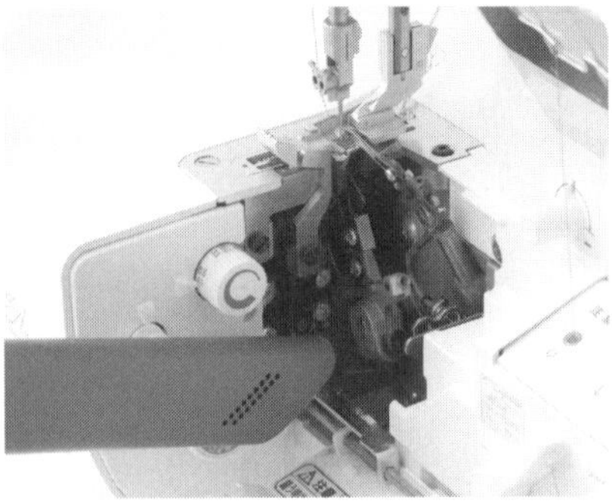

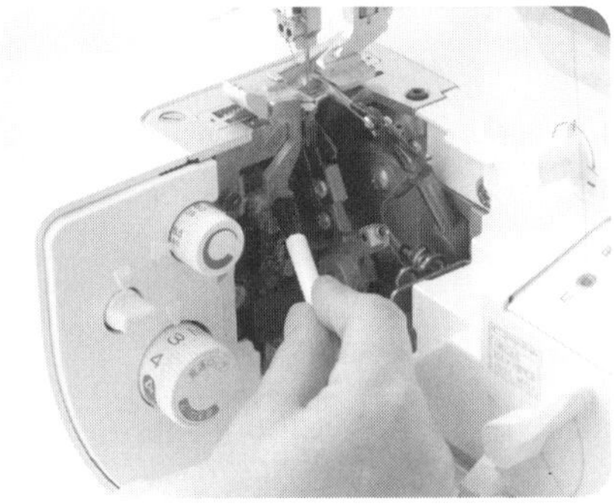

メス回りはフロントカバー、メスカバーを開けて掃除。この機種はサイドカバーも開くので、いろんな角度から掃除できて効率的。

エアーダスターで

勢いのあるエアでホコリを吹き飛ばすスプレー缶で、１本持っていると便利。付属の細いノズルを取り付けると狭い部分にも届く。逆さでも使えるタイプを。

ルーパースレッダーで

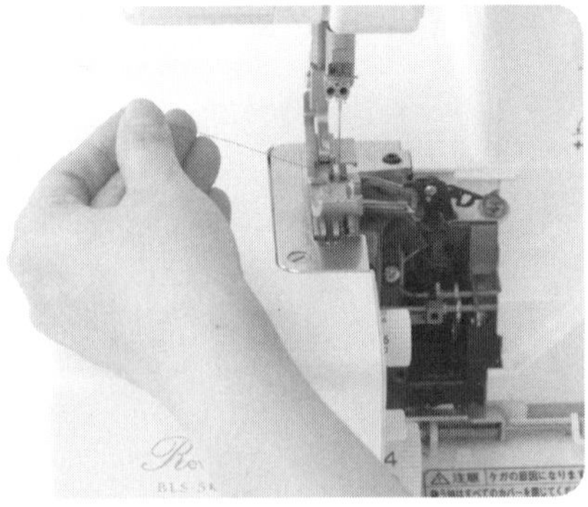

ルーパーの先端からワイヤが出てきたら引っ張り出す。この作業を数回繰り返すと、パイプ内についているホコリもとれる。

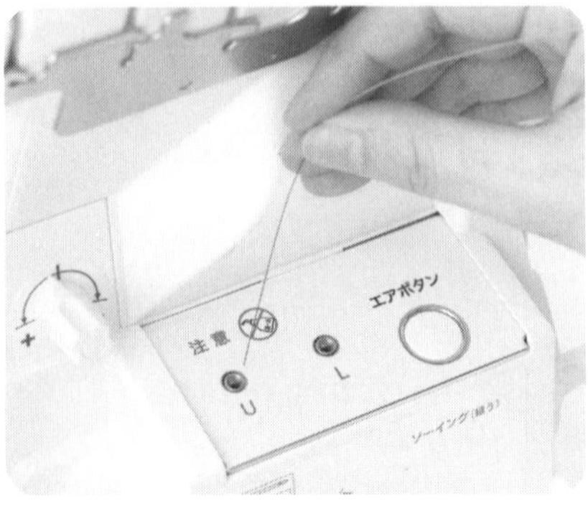

パイプ内はこうして

自動エア糸通しのパイプにホコリが詰まらないよう、ときどき手入れを。付属のルーパースレッダーの先端（ひし形じゃないほう）を穴に差し込む。

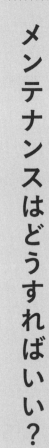

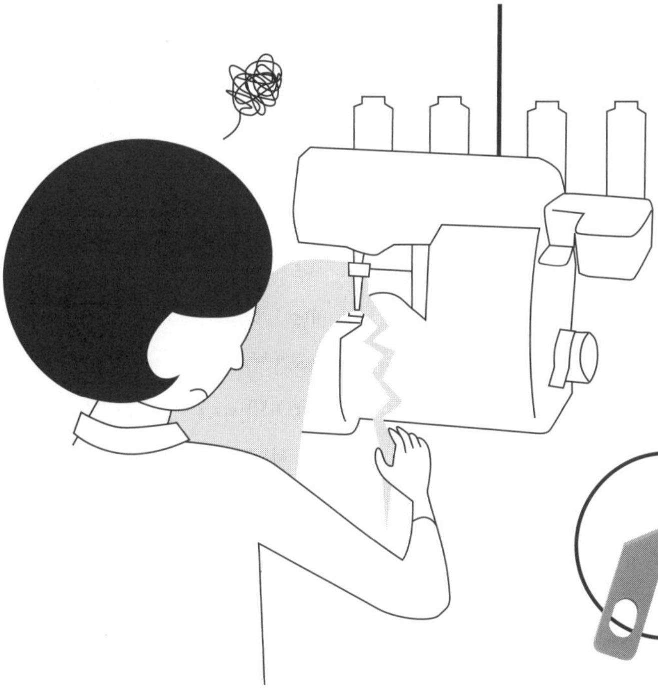

切れなくなったら…メス交換

生地がきれいに切れなくなったら、メス交換のサイン。メスには上メスと下メスがありますが、まずは上メスを交換してみて。取り付けられるメスは機種ごとに違うので、指定の品番を購入。取説やYouTubeを参考にすれば、自分で交換するのもそう難しくはありません。

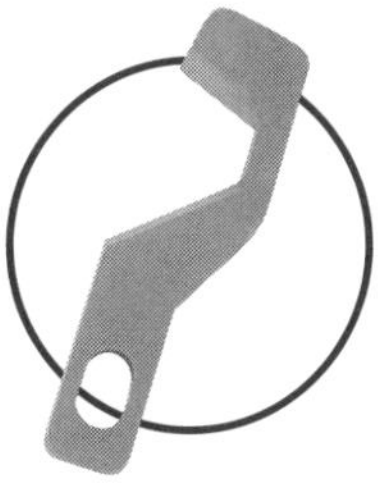

上メスは1枚はミシンに付属していることが多い。まち針1本切ってしまっただけでたちまち切れなくなるので注意。

ロックミシンは注油不要！

普通のミシンならひんぱんに注油しなければならないけれど、ロックミシンに限っては油をさす必要がありません。油分をしみ込ませた特種な金属を使っているからなのだそう。

よかれと思って自己判断で注油すると故障の原因になるので絶対やめて。

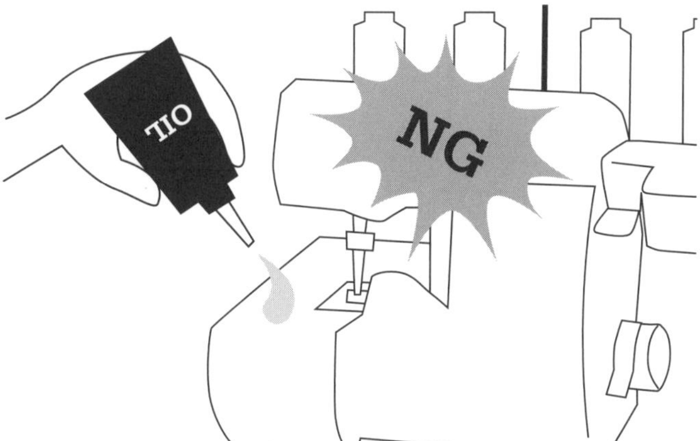

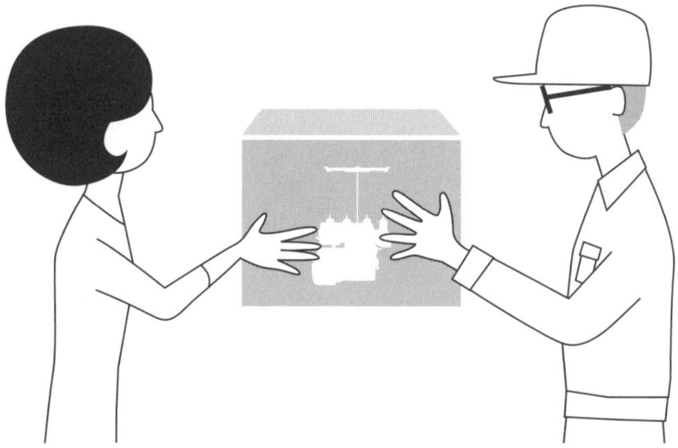

10年に一度は…オーバーホールを

ロックミシンは寿命が長く、10年、20年と使うのは普通。調子が悪くなくても、10年ごとにミシン屋さんに見てもらうのがおすすめ。汚れを取り除き、劣化部品を交換、全体の調整をするオーバーホールをすれば、また安心して使い続けられ、結局は長持ちします。

Q45 持っていたほうがいい道具は？

よく使う、あったら便利な道具7選

なかには100均でいいものもあるけど

使い分けるといいよね

まずは、購入時についてきた付属品（P.18参照）をなくさないこと。専用のドライバーや掃除用ブラシなど、大事な道具が入っています。それに加えて持っていたいのがこの7アイテム。洋裁メーカーの品質のよいものを選んだほうが、使いやすく、結局は長持ちします。

ピンセット

生地を押さえたり位置を調整するほか、糸かけにも活躍。指よりピンポイントで繊細な作業ができる。付属品に入っていることが多い。

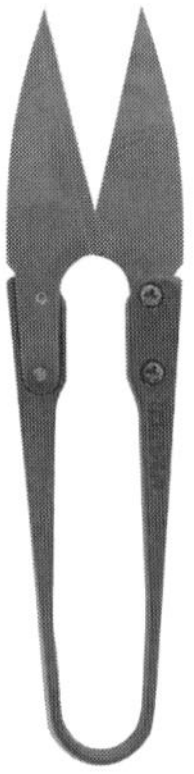

糸切りばさみ

ミシンにカッターがついている機種も多いが、ほどいたり糸端の処理をする際に使う。切れ味が続く、品質のよいものを選びたい。

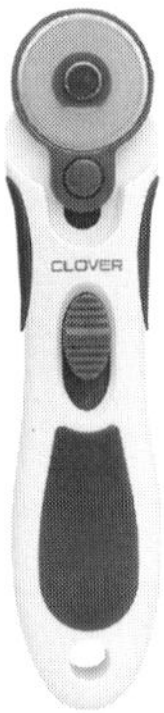

ロータリーカッター

ニット生地は裁ちばさみよりこれが簡単、正確に裁断できる。さまざまなサイズがあるが、直径25㎜が小回りがきいて使いやすい。

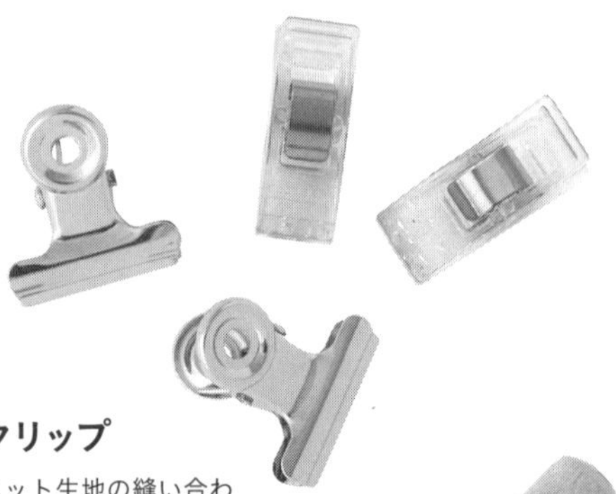

クリップ

ニット生地の縫い合わせには、まち針ではなくこれを（Q33参照）。ソーイング専用のものが使いやすいが、数が必要なら100均グッズの目玉クリップでも。

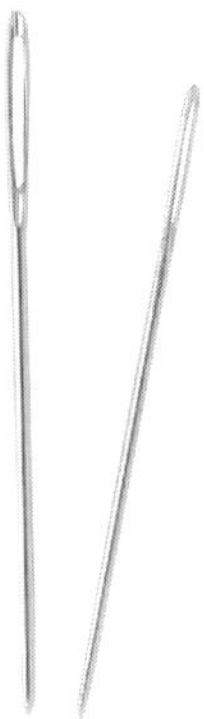

とじ針

編み物用品のひとつで、糸端の始末で使う（Q22参照）。さまざまな太さのものがあるが、細めのものを2サイズくらい持っているといい。

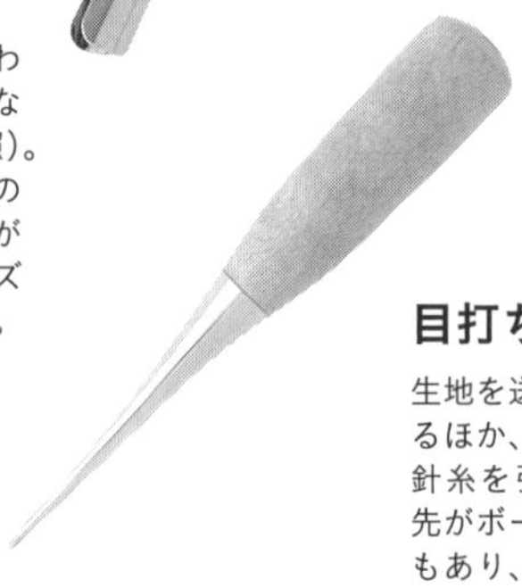

目打ち

生地を送る際に押さえるほか、ほどくときに針糸を引くのに必要。先がボール状のタイプもあり、ひっかけやすいニットにおすすめ。

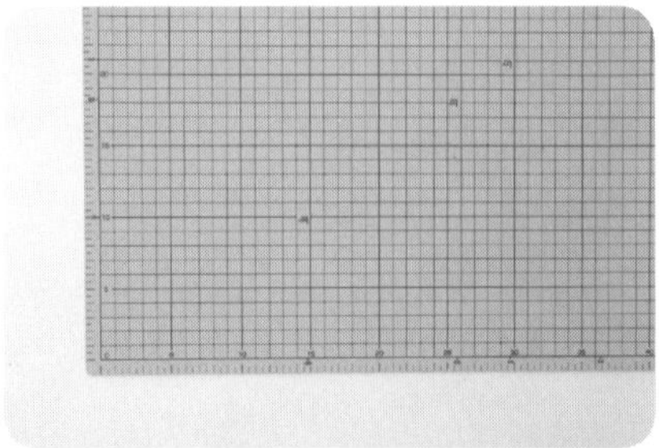

カッターマット

ロータリーカッターを使って裁断するなら必需品。大きなサイズが断然おすすめで、A0を2枚持っていると作業性が格段にアップ。

環境が整う！　凝った縫い方ができる！ アクセサリーと押さえ金

　ロックミシンにはさまざまな別売り品や押さえ金があります。どこまでそろえるか悩みどころですが、マットと切りくず受けはぜひそろえて。常に使うもので、快適さが違います。標準以外の押さえ金はセット販売も単品売りもあり、購入時に特典としてついてくることもあるよう。最初からすべて使う予定がないなら、必要になった時点で購入しても。

baby lock

baby lock

防振・防音マット

フェルト状のジャストサイズのマット。ロックミシンはパワーがあり、音と揺れがけっこうあるが、これを敷くと音と振動を吸収して軽減される。

トリムビン（切りくず受け）

四角い穴にビニール袋をセットして使う。これをミシンの下に敷くと、メスでカットした切りくずがすべて袋の中へ入るしくみ（写真上）。

切りくず受けは
よくできてる！

ひとつずつ
そろえてもいいね

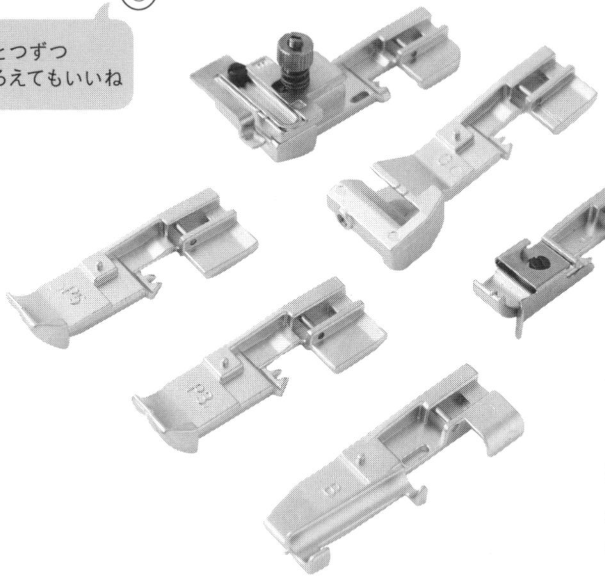

アタッチメント
（押さえ金）セット

上左からゴム押さえ、セパレート押さえ、ニット用裾まつり押さえ、下左からパイピング押さえ（５㎜用／３㎜用）、ビーズ押さえ。それぞれ別売りもしている。装飾的な縫い方など、特種な縫い方ができて楽しみが広がる。（ベビーロック）

Q 47 カバーステッチミシンはまた違うもの？

はい、違います。市販品に近い縫い方がいろいろ！

これがカバステ！

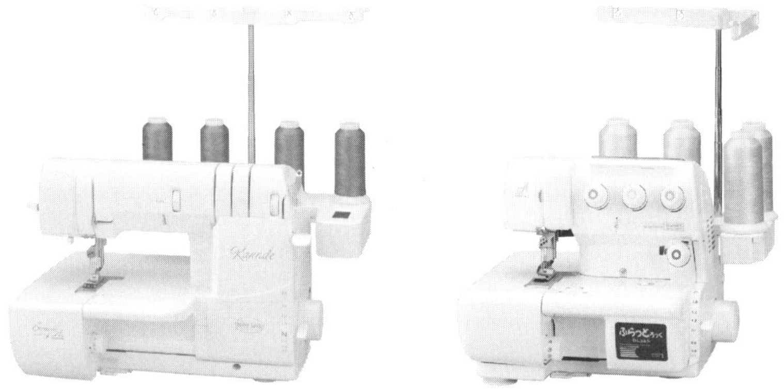

Kanade《かなで》 BLC-7J

ふらっとろっく BL72S

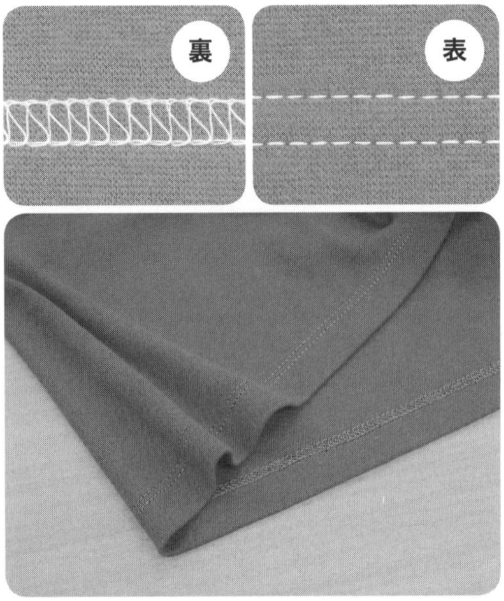

裏
表

これがあれば市販品みたいに仕上がるね！
ニットアイテムにはまっていたら欲しくなるかも

カバーステッチミシンはロックミシンの一種ですが、いわゆるロックミシン（オーバーロックミシン）とは縫い目が違います。残念ながらロックミシンではカバーステッチは縫えないので、これがやりたかったらもう1台買うしかありません。

代表的な縫い目は、2本針3本糸で縫うカバーステッチ（写真上）。表側は2本の直線ステッチですが、裏側はロックミシンのような編んだ縫い目で、Tシャツのすそや袖口の始末に使われます。ロックミシンでは、端かがりをして直線ミシンで縫うのが一般的ですが、カバステがあればかがりながら縫うことができます。

ほかにもチェーンステッチ（ジーンズの脇などに使用）や、四つ折りバインダーというアタッチメントを使ってのバインダー仕上げ（衿などの生地端を別布でくるんで縫うこと）などもでき、より市販品に近いソーイングが楽しめるのが魅力です。

Q48 中古品ってどうなの？

ぶっちゃけピンキリ。保証がついていれば安心です

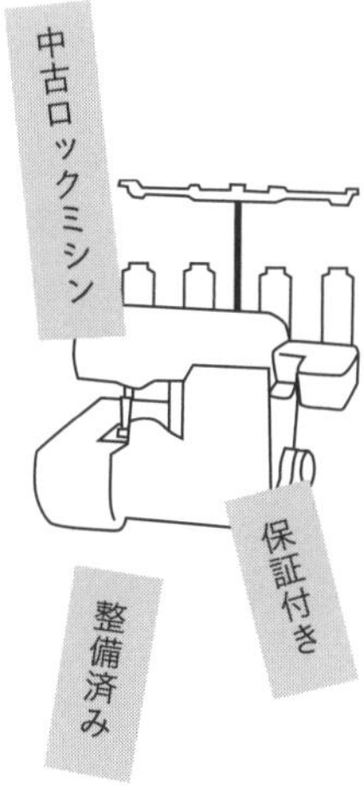

ミシンの寿命は長いので、中古品もよく出回っていますよね。ミシン屋さんのほか、オークションやフリマアプリでも手に入ります。

もちろん、よい品もあればハズレの品もあるので一概には言えませんが、中古品を購入するなら整備がされているかどうかは確認したいもの。ミシン屋さんが責任を持って整備をし、一定期間の保証をつけているものなら安心でしょう。ただし、古い機種は操作がめんどうなものが多いので、そこは覚悟を。また、故障した際、部品が生産終了になっていることもあるので、そこも考え合わせて判断を。

Q49 買う前に使ってみたいのですが…

レンタルスペースやお店など実際に使える場所はあります

いきなり購入するのではなく、一度使ってみてから決めるのはいい方法です。

実際に使わせてくれるショップもあるし、ミシンのレンタルスペース、ロックミシンの1日講習会で体験するなど。洋裁教室でも常備されているので、まずはそこで使ってみるのもいいでしょう。

操作性や性能、自分に合うかどうかを肌で感じれば、買うか買わないか、買うならどの機種を選ぶのか、納得のうえで判断できます。

ベビーロック・スタジオ

生地の街東京・日暮里と大阪・船場にできたモノづくり工房。ロックミシンの使い方や作品作りを学ぶ1日講習会や、ミシンを借りられるスペースも。
www.babylock.co.jp/studio/

Q50 使ってないミシン、すぐ使える？

故障でなくても使えない場合も。整備するのがベター

ロックミシンを買ったはいいけれど、長年使わず箱に入れたまま……って人、じつはけっこういます。たとえ新品同様でも、機械ものは長期間使わないと、油が固着したりサビが出たりして調子が狂います。一度、ミシン屋さんに整備してもらうのがおすすめ。

もし、しばらく使う予定がないなら、3〜6か月に一度は空縫いでもいいので動かしましょう。

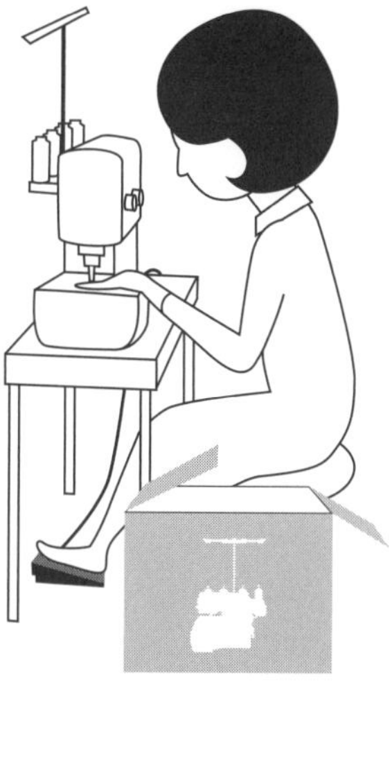

ロックミシンってぶっちゃけ買ったほうがいいですか？

編集人	石田由美
発行人	倉次辰男
発行所	株式会社主婦と生活社 〒104-8357 東京都中央区京橋 3-5-7 https://www.shufu.co.jp/
編集部	TEL.03-3563-5361 FAX.03-3563-0528
販売部	TEL.03-3563-5121
生産部	TEL.03-3563-5125
製版所	東京カラーフォト・プロセス株式会社
印刷所	凸版印刷株式会社
製本所	共同製本株式会社

ISBN978-4-391-15655-3

編集協力・案内役

didit sewing（ディディソーイング）

アメブロのトップブロガーでもあり、自宅洋裁教室を主宰するさつき先生、さくすけ先生と、手芸本編集者YASUEの３人からなるソーイングユニット。
2018年７月、自宅にいながら見られる作り方レッスン、型紙や材料キットの販売、ワークショップ開催等で活動を始める。文章、写真、動画を組み合わせたレッスンはわかりやすさで人気となり、2020年８月にＨＰを開設し、活動を本格化。いつでも何度でもサイトにアクセスして見られるという新しいレッスンスタイルは、近くに教室がない、子どもがいて通えない人のほか、コロナ禍のおうち時間の過ごし方として注目を集めている。本書では、初心者の生徒さんの視点で企画協力、作品製作等を担当し、紙面でも「案内役」として登場している。
作り方レッスン、型紙、材料キット等の購入は　https://diditsewing.com/

技術指導・取材協力

株式会社ベビーロック
東京都千代田区九段北 1-11-11
Tel 03-3265-2851
https://www.babylock.co.jp

staff

デザイン・イラスト／池田紀久江
撮影／有馬貴子（本社写真編集室）
パターン作成・グレーディング／小松志信
校閲／滄流社
企画・編集・執筆／野沢恭恵（didit sewing）

生地・糸・用具協力

オルガン針株式会社
TEL.0120-31-1154（フリーダイヤル）
WEB　https://organ-needles.com/
SHOP　https://organ.ne.jp/nuimate/

布地のお店ソールパーノ
TEL.06-6233-1329
https://www.sunsquare.shop/c/solpano

株式会社フジックス
TEL.075-483-8112
https://www.fjx.co.jp/

株式会社リバティジャパン
https://www.liberty-japan.co.jp/

渡辺布帛工業株式会社
TEL.06-6772-1551
https://www.watanabefuhaku.co.jp/